ESSAI

SUR

L'ORIGINE DES CULTES

Paris, typ. de M. Décembre, 326, rue de Vaugirard.

KEB∴

ESSAI SUR L'ORIGINE DES CULTES

LA SOCIÉTÉ DE JÉSUS

PARIS
LIBRAIRIE DE MARIE BLANC, ÉDITEUR
326, RUE DE VAUGIRARD, 326

EN VENTE CHEZ LES PRINCIPAUX LIBRAIRES

A MON VIEIL AMI

LE COMMANDANT ERNEST FOUINEAU

ESSAI

SUR

L'ORIGINE DES CULTES

PREMIÈRE PARTIE

Dans Science et Foi (1), nous exposions le défaut radical de certitude, comme vice inhérent à la foi religieuse. Dans ce deuxième livre, complément nécessaire, nous reprenons la notion fausse du surnaturel, du miraculeux, fondement ruineux de la théologie.

(1) En vente rue de Vaugirard, 326, Librairie Marie Blanc.

CHAPITRE PREMIER

Le Surnaturel, objet de la foi ultramontaine.

Le *croyant* sincère, honnête, s'il vient à soupçonner la duperie de sa religion, éprouve un serrement de cœur. Hélas! combien sa désillusion devient amère, poignante, lorsque, passant au creuset de l'examen scientifique les objets de sa foi enfantine et candide, reçue de confiance et vénérée, il y découvre le considérable amas de contradictions.

On a écrit de nombreux et gros volumes dans le but de constater le surnaturel dans l'histoire. En effet, il n'existe que là; on ne saurait lui découvrir ailleurs une réalité. Mais, que signifie cette constatation? — Uniquement ceci : d'un côté ruse et imposture politiques; de l'autre, ignorance et crédulité, lesquelles ont rendu la plus grande partie du genre humain dupe et victime. Toutefois, s'agit-il d'une question historique ?

Nullement. En vain, les ultramontains se sont efforcés de donner le change. Il s'agit d'une question dogmatique, qu'ils ont inutilement tenté d'éluder. Nous la posons au chapitre suivant.

CHAPITRE II.

Le surnaturalisme est-il autre chose qu'hypothèse invérifiable ?

Vous n'expliquerez jamais le monde sans Dieu, disait Napoléon Ier à Laplace. « Je n'ai pas besoin de cette hypothèse, » répliqua celui-ci. En effet, les lois naturelles suffisent à l'explication ; elles suffisent même si bien, que la fameuse hypothèse ne saurait se passer d'elles, et qu'au contraire celles-ci la démontrent aussi parfaitement inutile et embarrassante que le serait une cinquième roue aux antiques et somptueux carrosses de gala des cardinaux romains.

« Du même coup, me dit un ami, M. Q.....
« vous sacrifiez le spiritualisme : ces deux
« questions vivent ou meurent ensemble. » —

« Hé! nous aimons et recherchons la vérité
« certaine. Que nous importent vos questions!
« Discutées depuis tant de siècles, et, néan-
« moins, restées à l'état d'assertions gratuites,
« elles deviennent de plus en plus fades, fas-
« tidieuses à la foule qui comprend leur in-
« cohérence avec la raison; tandis que l'homme
« judicieux, savant, travaille à découvrir les
« lois du mécanisme et de l'organisme dans
« l'univers : champ qui lui paraît assez vaste,
« but qui lui semble assez élevé pour n'éprou-
« ver aucun besoin de se repaître de chi-
« mères. »

Comment, en effet, la logique conclurait-elle de notre ordre naturel à un autre ordre inaccessible à la raison humaine, au-dessus d'elle, en dehors d'elle. et pour lequel elle ne peut rien, par conséquent ? Puis, comment s'y prendrait notre logique naturelle pour « démontrer », sans se servir de nos moyens de connaître naturels? De plus, la preuve naturelle, transportant dans son ordre naturel le surnaturel détruirait celui-ci par cela même, comme on détruit le silence en le nommant.

En outre, on ne saurait définir le prétendu surnaturel sans l'ordre naturel; par exemple, conçoit-on que ce surnaturel exerce sur nous une action non conforme à ses lois? Conçoit-on mieux cette action non conforme à nos propres lois? Elle serait et ne serait pas tout à la fois! Ainsi, le surnaturalisme emporterait la destruction radicale, absolue, de la raison humaine; nous ne pourrions l'admettre sans renoncer aux plus simples éléments, aux plus vulgaires axiomes qui constituent le bon sens: Voilà, pour qui sait le comprendre, où la théologie aboutit forcément. Évidemment tant que la logique conservera quelque empire sur notre esprit, elle ne lui permettra point de si monstrueux écarts de ses règles immuables, une telle démence, en un mot!

On a voulu pour la foi religieuse une origine particulière, au-dessus de notre intelligence; on prétendait la mettre ainsi hors de l'atteinte des hommes; la soustraire à leur curiosité, à leur examen; l'élever si haut qu'ils n'y vissent jamais que le mystère, l'incompréhensible et lui donner une autorité si prodigieuse qu'ils demeurassent perpétuellement atterrés sous le poids de l'infini. Dans les temps reculés, les peuples, pris à ce piége, façonnés à cette duperie, « ne conçoivent guère une religion qui « reposerait uniquement sur la raison et les

« instincts élevés de notre nature. Elle perdrait à leurs yeux de sa grandeur et presque toute son autorité, si elle n'avait pour origine une révélation surnaturelle, ou une action immédiate de Dieu, en dehors des lois qui président à tout le reste de la vie humaine. (Lamennais, *Disc.*, p. 5).

Cependant, nous venons d'exposer l'impossibilité absolue d'une pareille autorité. Quels signes évidents la rendraient reconnaissable? quelle manifestation extérieure, permanente, suppléerait à notre impuissance, ou à notre faiblesse? Là-dessus, point d'autres lumières que celles de la raison; car il faut qu'elle reconnaisse avec certitude la *possibilité*, *l'existence* de ces révélations *surnaturelles* qu'on prétend destinées à la guider : donc, ces révélations dépendent dans leur base et dans leurs effets de la raison humaine.

CHAPITRE III.

Contradictions pullulant dans la nature divine.

Nous voilà déjà au milieu des contradictions aisément saisies par la plus simple réflexion.

Considérons-les dans le Dieu de la théologie, et assistons dans son officine, avec curiosité et profit, à la fabrication de ses profonds et terribles mystères. Voici tout le secret de ce travail cyclopéen.

Avec sa subtilité bien connue, la théologie enchaîne des abstractions, et leur donne une apparence de logique; je dis apparence, car il n'y a rien de plus.

Par exemple :

Ayant besoin d'un Croquemitaine de taille gigantesque, démesurée, elle le façonne en

1.

associant des idées, des mots inconciliables, antinomiques comme les enfants imaginent leurs bâtons sans bouts, des triangles carrés ; elle l'affuble d'oripeaux les plus disparates, lui prête mille qualités bizarres qui mutuellement s'excluent. Alors les contradictions foisonnent au sein de la monstrueuse image et lui rongent le cœur. N'importe : la théologie, de sa voix tonnante, commande aux populations terrifiées, hallucinées, croyant apercevoir le fantôme dans la nuit obscure : « Prosternez-vous, croyez, adorez ! *Croyez*, ayez *confiance*, soyez persuadés !! Gardez-vous bien de scruter, d'examiner, car vous perdriez *Persuasion*, *Confiance*, *Foi*, et seriez damnés ! »

Malgré ces ruses, voyez son dépit, Il se rencontre çà et là, gens d'esprit et de conscience honnête, qui disent à la multitude ceci, par exemple :

Dès votre enfance, vous avez compris cet axiome banal : rien de rien : 0=0 ; cette vérité, saisie avec d'autres semblables a commencé à constituer le fonds de votre raison. Or, cet axiome signifie, en se servant d'expressions différentes, exactement cette proposition de Fénelon : « Un abîme infranchissable sépare le néant de l'être ;» en d'autres termes : éternelle contradiction entre le Néant et l'Être, comme entre oui et non ; équivalemment : *Rien* ne peut *devenir*, ni devenir quelque chose : zéro *seul* ne peut égaler un, ou des milliards. Autre équivalent : grossière absurdité d'une création tirée du néant ; en d'autres termes : les éléments de l'univers sont éternels ; ou bien : l'univers existe par soi, et sa propre cause et non l'effet, le produit d'un être distinct de lui ; c'est-à-dire, l'explication judaïque et chrétienne du monde extrait du néant ne présente qu'un énorme non-sens ; en d'autres mots : la supposition d'un Dieu créant de rien l'univers, — ce joli joujou ! — se trouve non-seulement d'une fausseté absolue, mais inutile et bête ; équivalence : la prétendue preuve de l'existence d'un Dieu, en tant que nécessaire à l'explication du monde, ne s'élève même pas à la ressemblance de la montagne accouchant d'une souris. Eh ! bien ! la jonglerie du catéchisme, au risque de bouleverser votre raison, vous fait accroire autant de propositions contraires !

Autres contradictions ; car la théologie en sue par tous ses pores ! Elle *suppose* un être personnel *infini, sans bornes ;* puis, d'autre part, elle lui fait extraire du néant cette bagatelle nommée l'univers, *limite* pourtant d'assez gentille étendue et qui mérite quelque considération! Si vous jouissez pleinement des facultés intellectuelles, vous comprenez sans peine qu'un être *infini* exclurait absolument tout autre être à côté de lui, en dehors et distinct de lui, ne fût-ce qu'un grain de sable. Réciproquement ce grain de sable exclut un être sans bornes. Or, entre les deux existences, celle des êtres finis, et celle purement *supposée* d'un être *infini,* qui se contredisent ainsi que oui et non, laquelle admettez-vous? Evidemment la vôtre, celle de l'univers, dont vous avez certitude absolue: équivalemment, vous voilà antithéiste! Oh! ne tremblez pas !...

En outre, une création sortie de rien, serait quelque chose de plus que l'être infini seul : débrouillez, si vous pouvez, ce chaos théologique, et comptez les antinomies que je vais vous exposer sous forme plus concise :

1° La supposition d'un Etre nécessaire, produisant d'autres êtres non nécessaires, ou contingents, implique contradiction : car, lui-même pouvant être, ou n'être pas Créateur, tombe par là dans la *non nécessité*, ou contingence.

2° En remontant la série des êtres contingents, tant qu'on voudra, on n'arrivera jamais à une cause suffisante qui ne tombe pas dans la contingence en créant; équivalemment : nécessité absolue, non d'un premier être, mais du monde entier dans ses éléments primordiaux.

3° La notion de *contingence* dans la pensée, dans la volonté d'un Dieu *nécessaire*, renferme *antinomie*. En effet, la raison suffisante, ou créatrice des êtres et de leurs modifications, pourrait ne pas exister, et existerait *nécessairement* tout à la fois : non-sens que la logique appelle identité des contradictions, c'est-à-dire extrême absurdité.

4° La *supposition* d'un Dieu absolument infini en qualité, en quantité, contredit l'univers entier : temps, espace, vérités éternelles, indépendantes; en un mot, tout ce qui existe hors de ce Dieu, distinct de lui; enfin notre pensée même qui l'embrasse au moins en partie.

5° Si les lois naturelles sont athées, celle de causes de l'équivalence des forces paraît l'emporter encore, car elle rend inutile, exclut.

contredit absolument l'hypothèse du Dieu *théologique*, puisque la quantité du mouvement indestructible, toujours identique sans augmentation, ni diminution possibles, quantité dépendante de la matière, suffit à expliquer chaleur, lumière, électricité, pensée même!

6° « Une cause quelconque doit contenir tout « ce qu'il y a d'essentiel dans son effet, au moins « avant de produire cet effet (1). » Loi naturelle qui contredit absolument la *nécessité* du Dieu théologique en tant que premier moteur : de zéro mouvement point de mouvement : d'autre part, s'il le tirait de soi, il y aurait transmission, déperdition; le tirer d'ailleurs serait ne le posséder point.

7° Cette même loi : *principe* de *mécanique rationnelle*, d'après lequel point de mouvement sans un autre mouvement, notion élémentaire, vérité nécessaire, éternelle, qu'on ne peut nier sans ôter à la mécanique sa base, son caractère scientifique, — Cette loi, à laquelle rien n'échappe et tout se soumet forcément, contredit absolument la conception gratuite d'un Dieu infini, immense, immuable, et *sans mouvement possible,* par conséquent.

(1) Béraud. Critique de l'idée de Dieu.

8o Le mouvement existe, fait indiscutable. Or, le Dieu des théologiens ne saurait le tirer de soi, ni d'ailleurs (voir 6o), et serait, par là même, exclu des phénomènes physiques, chimiques, astronomiques; donc, son hypothèse devient inutile, contradictoire.

9o Immensité de Dieu sans étendue : contradiction dans les termes, non-sens.

10o La réalité des êtres limités qui constituent le monde, — fait indiscutable, — contredit l'hypothèse d'un Dieu, sphère immense en étendue, « dont le centre est partout, la circonférence nulle part, » dit absurdement Pascal.

11o L'univers, renfermant une multitude de substances différentes, si le Dieu théologique était composé de toutes, il ne posséderait point l'attribut d'unité, ou simplicité; s'il n'était que l'une d'elles, il ne posséderait point l'attribut d'infinité, d'immensité. Les spiritualistes qui ne veulent pour Dieu qu'un pur esprit, — qu'est-ce que cela? — le limitent par l'univers matériel, lui ôtant ainsi l'attribut d'infini. Le Dieu de Fénelon, « n'est pas plus esprit que « corps, ni corps qu'esprit. » A parler propre-

« ment, il n'est ni l'un ni l'autre exclusivement. (Exist, 2 p. c. 4.)» Ainsi on lui enlève unité, ou simplicité.

12o Si le Dieu supposé exerçait une force infinie, cette activité, nécessairement uniforme, tiendrait tout dans l'immobilité; non uniforme, elle exclurait l'attribut d'immutabilité.

13o Immutabilité et toute puissance s'excluent réciproquement; car la première, empêchant l'autre de s'exercer, la réduirait à zéro; et la seconde détruirait la première à chaque fois qu'elle donnerait l'être et le mouvement. Causalité limitée implique repos et changement avant et après l'activité.

14o Éternité successive détruit l'immutabilité; non successive, attribut de non-sens, puisqu'il signifie éternité sans durée!

15o Le Dieu de Fénelon et de Hégel, dans son éternité non-successive, ou éternel présent, veut et ne veut pas, fait et détruit tout à la fois: ce que la logique nomme identité des contradictions, c'est-à-dire extrême absurdité.

16o Quant à l'intellligence divine, supposez-la successive, vous la soumettez au changement; non successive, elle verrait les objets et leurs modifications du passé et de l'avenir, comme actuellement présentes : ce qui serait erreur grossière, en contradiction avec la réalité.

17o Il en faut dire autant de l'attribut Providence, qui se confondrait dans l'intelligence et la volonté divines.

18o Volonté infinie, une, immuable, exclurait le libre-arbitre : en effet, Dieu, contraint par sa propre nature, ne pourrait vouloir que lui-même, rien hors de lui; autrement il cesserait d'être immuable.

19e Incompatibilité absolue entre l'amour, la félicité suprêmes et le libre arbitre : car, si Dieu était maître de désirer, choisir, aimer quelque chose hors de soi, ce serait parce qu'il manquerait de l'amour et du bonheur parfait.

20e Même contradiction de la liberté avec la bonté et la sagesse, puisque le Dieu théologique en vertu de ces deux derniers attributs, choisirait, créerait le meilleur des mondes spontanément, fatalement, par nécessité de sa nature, ne pouvant se déterminer autrement, sous peine d'imperfection; et s'il croyait jouir du libre-arbitre, il se tromperait grossièrement.

21° La toute-puissance n'offre que non-sens : en effet, le Dieu des théologiens ne pourrait-il l'exercer sur rien en dehors de son être infini? s'il le pouvait il créerait donc un autre infini? car, point de toute-puissance sans une activité immense, infinie, éternelle. De plus, il n'aurait pu créer en un temps, plutôt qu'en un autre, ni préférer à d'autres notre univers. On demandait à un spirituel enfant si Dieu peut tout ce qu'il veut? — Oui, répondit-il, à la condition de ne vouloir que ce qu'il peut. —

22° Toute-puissance, intelligence divine, excluraient le libre-arbitre humain, cette idole des spiritualistes ! En effet, ou maîtresses absolues de lui, elles causeraient en nous le bien et le mal; ou, limitées par lui, elles en dépendraient; ou, enfin, *précédant* notre volonté, nos actes, comment dépendraient-elles de nos caprices? Donc, il resterait : que les hommes, — création incessante de ces attributs — leur seraient soumis, sans liberté possible, comme à la Providence qui arrangerait, gouvernerait toutes choses : ce serait la *Fatalité* ! (*Anankê.*)

23° L'intelligence humaine, étant le produit de certaines combinaisons fatales de la matière et de ses mouvements, contredit les théistes, soit ceux qui veulent pour Dieu un pur esprit; soit ceux qui le veulent esprit et corps, puisque l'association, toujours nécessairement limitée de ces forces, ne saurait produire une intelligence infinie.

24° L'intelligence infinie du Dieu hypothétique s'absorberait éternellement et nécessairement dans la contemplation de lui-même, sans pouvoir penser à l'univers, ni l'ordonner, ni le gouverner. Donc, votre hypothèse est inconciliable avec notre réalité.

25° Une intelligence *infinie*, et s'occupant du monde embrasserait une *infinité* d'objets existants, ou possibles: Contradiction avec leur nombre nécessairement *fini*.

26° Les désordres, les maux physiques et moraux que nous rencontrons partout, contredisent le concept d'une Providence infinie en science, toute-puissance, sagesse, bonté, qui créerait le monde et le gouvernerait soit en détail, soit par lois générales.

27° L'hypothèse optimiste de cette Providence, permettant le mal par la gloriole ridicule d'en tirer le bien, implique contracdiction: car l'ordre, le bien, le juste, le vrai, le beau, valant mieux que leurs contraires, Dieu ne devrait janais laisser ceux-ci prévaloir, un instant, sous peine de déchoir de sa perfection infinie, de détruire sa propre nature.

28° La supposition de cette Providence promettant le mal moral, contredit si brutalement une perfection infinie, révolte si violemment le bon sens, que, pour essayer de la justifier, la théologie propose la *croyance*, *persuade l'espérance* d'une autre vie réparatrice, hypothèse non moins fallacieuse! —

29° Contradiction, même en supposant cette vie future! puisque le caractère d'impuissance, d'imperfection, de méchanceté, inhérent à cette Providence, subsisterait éternellement, malgré la récompense.

30° Contradiction encore, même dans une supposition d'épreuve; car, l'épreuve accuserait l'ignorance dans cette Providence.

31° Perpétuelle contradiction, encore en supposant la récompense, l'éprouvé ne triomphant qu'au moyen des grâces providentielles, privilégiées, — selon l'enseignement catholique, — et restant sans mérites, la Providence ne devrait récompenser qu'elle-même, c'est-à dire ses propres dons!

En résumé, le rêve de l'existence, ou de la simple possibilité d'un Être infini, absolument parfait, —inconciliable avec la réalité —s'évanouit à jamais. Ce spécimen des contradictions qui pullulent dans son sein, et dont une suffit à l'anéantissement d'un système, manifeste aux plus simples intelligences: la nullité, la niaiserie de leurs *croyances religieuses*. Ainsi, l'examen met à nu, dans cette fameuse nature divine, plaisamment imaginée, élaborée, par le théologien antique, un chaos de non-sens, un tissu d'abstractions incohérentes et le théologien contemporain ose encore la présenter à vos hommages, avec un sérieux forcé, en redisant sa phrase traditionnelle: « Voilà, mon Dieu! — *Iste Deus meus!* » Croyez! Adorez! mais, gardez-vous d'approfondir!

CHAPITRE IV.

Contradictions dans les preuves théologiques de l'existence de Dieu.

Après une ruine aussi radicale de l'hypothèse surnaturaliste, quel compte faut-il tenir de ces preuves alléguées par le Théisme: Idée de Dieu et de cause finale, croyance et sentiment religieux, si répandus et enracinés dans les populations? Hélas! rien de tout cela ne saurait rendre la vie aux attributs divins. Or, dès que les attributs, essentiellement constitutifs d'une nature quelconque, n'existent pas, à quoi bon s'occuper de l'existence de cette nature? Cependant, n'omettons rien pour l'entière satisfaction de l'esprit; passons au creuset de la critique les prétendues preuves

Première : — On croit voir çà et là un but, des fins autres que les lois naturelles, nécessaires.

et fatales; on prétend conclure, par exemple, de l'aile de l'oiseau, de l'œil, de l'oreille, du cerveau, de mille autres merveilles, à une cause surnaturelle. Pourtant, il n'y a là qu'une *gratuite supposition*, non-seulement *indémontrable*, (ch. 11), mais violemment anéantie (nos 26 et suiv.), contredite à chaque pas, à chaque instant par les maux physiques : — cerveaux idiots, yeux aveugles, oreilles sourdes — et par le mal moral. A la vue d'un palais, d'un tableau, d'une montre, nous induisons, ou déduisons légitiment l'existence d'autres hommes, auteurs de ces ouvrages : pourquoi? Parce que notre *expérience* journalière nous y autorise. Au contraire, sur le point hypothétique du surnaturel, la vérification manquant absolument, notre logique qui ne s'appuie que sur elle, nous défend toute induction ou déduction, nous oblige rigoureusement à n'admettre que les lois naturelles, et expulse strictement toute explicaiion en dehors d'elle ; car nous n'avons l'*expérience*, ni d'un autre univers, ni d'un atome tiré du néant.

2o Quant à la supposition que l'idée de l'être infini ne peut nous venir que de lui? d'abord lui seul possédant une intelligence sans limites, concevrait seul une idée égale à sa nature.

Ensuite, vous ne concevez pas plus l'idée de l'absolu que celle du néant, d'un triangle carré, de toute impossibilité. On arrive à l'idée d'infini en supprimant par l'imagination successivement toutes limites. Enfin, le Théisme, en donnant pour preuve précisément ce qu'il devrait prouver, fait ce mauvais et ridicule raisonnement que la logique appelle : cercle vicieux.

3o Même vice dans la supposition que le sentiment religieux ne pouvait être inspiré au genre humain que par un Dieu. De plus, l'analyse trouve l'explication simple et naturelle de ce sentiment, dans l'ignorance, l'amour du merveilleux, dans la crainte, l'infortune, le désir du bonheur (voir SCIENCE ET FOI). Enfin, comment ce sentiment religieux vérifierait-il une existence divine, inaccessible à nos moyens de connaître, au-dessus et en dehors de notre raison et contradictoire?

4o Quant à la foi des masses populaires, les supposant aussi nombreuses qu'il vous plaira, le nombre la transforme-t-il en certitude? rend-il son objet vérifiable? Le démontre-t-il? Lui enlève-t-il ses radicales antinomies? L'abîme reste toujours entre science et *croyance*, *confiance* et *persuasion*. Puis, au vulgaire ignorant et crédule, opposez cette foule de savants antithéistes, depuis les philosophes sceptiques de l'Inde jusqu'à ceux de notre époque. Fénelon écrit que ses contemporains croient « à peine à l'existence de Dieu, » qualifiant leur croyance de concession aveugle au « sen-« timent populaire et ceux qui font sur la re-« ligion quelques réflexions sérieuses sont « en petit nombre (*Nécessité de connaître Dieu,* « 6. 18). » Lorsque Louis XIV déployait son grand zèle, on comptait à Paris, cinquante mille athées, selon l'abbé Rorbacher (*Histoire eccl.*),

Depuis longtemps Kant et l'école critique ont pulvérisé ces preuves, que la théologie spéculative avait badigeonnées de couleurs séduisantes afin d'en dissimuler la misère.

Dans son audace elle se posait comme « science de l'être infini, absolu, universel, par-« fait, conçu *dans son idée* et abstraction faite « de *toute réalité.* » La perfection de cet *être de* « *raison* est purement *idéale.* C'est le Dieu abs-« trait de la pensée pure, en dehors du temps, « de l'espace et du mouvement, de la vie, de « toutes les conditions de la réalité. C'est le « Dieu que, dans leur élan de spéculation, Platon « Plotin, Malebranche, Fénelon poursuivent en

« vain comme un Être réel; le Dieu dont l'acti-
« vité est sans mouvement, la pensée sans dé-
« veloppement, la volonté sans choix, l'éter-
« nité sans durée, l'immensité sans étendue:
« Ce Dieu-là qu'un philosophe contemporain
« nous représente relégué sur le trône désert
« de son éternité silencieuse et vide, n'a pas
« d'autre trône que l'esprit, d'autre réalité que
« l'idée. C'est un idéal engendré par une syn-
« thèse de la raison, ni plus ni moins que les
« figures de la géométrie construites par une
« synthèse de l'imagination, et que les types
« des genres et des espèces produits par une
« synthèse de l'entendement. Quand les théo-
« logiens lui assignent un objet à part du monde
« ils réalisent une abstraction (Vacherot). »

« La certitude de l'existence de Dieu est en-
« tièrement subordonnée à la certitude des
« attributs, des qualités de Dieu : l'attribut est
« la source de la vérité, l'essence du sujet.
« Celui-ci n'est que l'attribut personnifié. Or, si
« l'attribut personnifié implique contradiction,
« que devient le sujet? »

Le théologien est dupe de ses abstractions. Pour s'en convaincre, il n'a qu'à se rendre compte, par l'analyse, de la manière dont se forment, dans son esprit, les conceptions théologiques. Il verra que l'opération de la pensée est la même que pour les constructions de l'imagination et les notions de l'entendement.

C'est par une abstraction et une synthèse de l'esprit que se forment ces dernières ; c'est également par une abstraction et une synthèse que se forment les conceptions qui ont pour objet l'Être parfait, l'idéal hypothétique dont le nom est Dieu. La perfection est conçue à propos des imperfections ; l'idéal à propos des réalités, exactement de même que le rapport est abstrait des termes, la loi des phénomènes, les types des individus. Il n'y a pas un seul terme rationnel qui puisse être séparé de son terme empirique correspondant, sans devenir une abstraction. La réalité objective de toutes les conceptions rationelles est à cette condition : Quand, donc, le théologien distingue le parfait de l'imparfait, l'idéal du réel, Dieu du monde, il fait une opération analogue à celle du géomètre, du physicien, du moraliste, du politique, qui séparent le rapport de ses termes, la loi de ses phénomènes, les principes de leur application, afin de montrer la vérité dans sa pure idéalité. Il construit sa science comme le géomètre construit la sienne. La seule différence, c'est qu'il est dupe d'une abstraction dont le géomètre et le physicien ont parfaitement conscience. Du Dieu qui sort de toute notion du fini, du contingent, du phénomène, de l'individuel, elle (la théologie) fait un être à part, relégué par delà le temps, l'espace, le monde de la réalité. Ce Dieu-là, nul signe ne le révèle, nulle route n'y conduit, nul principe ne le démontre. C'est une pure abstraction que la raison ne saisit pas mieux que l'imagination.... L'être en soi de la raison pure n'est aucune réalité qu'on puisse percevoir, ou imaginer; car alors il ne serait pas l'être en soi, toute réalité étant un phénomène qui passe. Il n'est ni dans le temps ni dans l'espace, car il serait borné. Il n'a aucune forme déterminée; il n'est ni corps, ni âme, ni même esprit, car il serait un être, et non plus l'être en soi. »

« Ainsi l'éternité, l'immensité, l'infini, le parfait, l'universel, l'absolu, l'être, l'un, Dieu, en un mot, n'est rien en dehors du temps, de l'espace, de la quantité, de la qualité, de la réalité, du devenir, de la multiplicité, du monde; rien qu'une synthèse de notre esprit, qui réunit, sous un mot, la totalité qu'il ne peut embrasser : c'est ce mot qui fait illusion aux idéalistes... Au lieu de n'y voir que la formule de cette synthèse, ils veulent y trouver l'expression d'un objet, d'un être réel, distinct et séparé des objets de l'expérience; ils imaginent un être éternel, immense, infini, parfait, absolu, universel, à part du monde, des réalités passagères, bornées, finies, imparfaites, particulières : c'est réaliser une abstraction. Et quand ils ont fait cela, ils ne tardent pas à s'apercevoir qu'ils emploient les mots dans un sens nouveau et tout à fait inintelligible. Et, alors, quels efforts, quels prodiges de subtilité pour essayer de faire comprendre l'incompréhensible, de concilier les contradictions; mais la vérité est plus forte que le génie. Platon, Plotin, Proclus, saint Augustin, Fénelon, Malebranche, et tous les philosophes de cette école, après de merveilleuses et interminables dissertations sur la nécessité de retrancher de l'ère infini, absolu, universel... tous les attributs de la réalité, finissent par conclure au *mystère!* Ouvrez le traité de l'existence de Dieu (de Fénelon) et donnez-vous le spectacle de l'esprit le plus fin, de la plus souple intelligence, de la plus riche imagination, de la plus magnifique éloquence aux prises avec l'abstraction et le néant! Et, si, parfois, Fénelon en sort, c'est pour tomber dans les fictions anthropomorphiques de la théologie chrétienne... Il y a du génie métaphysique à faire peur. Quel mouvement de pensée! quelle vigueur dialectique, quel éclat de figures, quelle flamme d'enthousiasme! Et tout cela dans le vide!

« L'esprit ne conçoit point un objet précis, un être positif dont le caractère propre est d'être absolu, plus qu'il ne conçoit un objet précis, un être positif dont le caractère propre est d'être infini, ou parfait, ou universel, ou immuable en sa substance. Le concept d'absolu comme le concept d'infini, de parfait, de substance, n'a point d'objet en dehors de la réalité donnée par l'expérience. C'est une simple loi logique qui ne permet pas plus de se reposer dans la catégorie de relation que dans toutes les autres. Cette idée de la raison est une unité purement abstraite, une simple synthèse de la pensée qui n'a pas plus d'objet que les constructions de l'imagination et les abstractions de l'entendement. La preuve en est que si l'on essaye de la réaliser, on la trouve en contradiction avec toutes les conditions de la réalité! »

« Les idées rationnelles de l'infini, de l'absolu, de l'universel, de Dieu, en un mot, ne sont pas des connaissances, mais de simples conceptions... pour la science réduite aux facultés, aux méthodes de l'expérience, aux principes, Dieu ne peut être qu'une abstraction verbale, comme l'infini, comme l'absolu, comme l'universel. Il n'y a que des esprits dupes de leur imagination qui puissent chercher un pareil principe dans le monde de l'expérience. Leur Dieu sera un type emprunté au monde des sens, ou au monde de l'âme. Nature, ou personne, corps, ou esprit, il ne sera toujours qu'une idole. On ne guérit point l'esprit humain de ses hallucinations théologiques et ontologiques, en conservant à la croyance l'objet qu'on retire à la science. Si vous lui laissez *croire* que Dieu, inaccessible à la science, pour laquelle il n'est qu'un *simple idéal*, pourrait bien être en soi une réalité, vous rouvrez la carrière à un dogmatisme d'autant plus effrené, que la raison et la science n'ont plus rien à y voir. Vous faites pis encore; vous ramenez l'esprit humain sous le joug de la théologie révélée (Vacherot, Métaphy... 2e-8, 9, 12, 14). »

O terrible puissance de l'abstraction! A quelles énormités de bêtise elle peut conduire ceux qui délaissent, ou ignorent la règle de certitude!

Notre existence, celle de l'univers? faits indiscutables. Jusqu'ici l'esprit humain n'a pu concevoir l'une, ni concilier la co-existence de ce fini et d'un être infini. De deux choses : Ou vous les confondrez, ou vous voilà dans le panthéisme. Si ce système vous sourit plus que les autres vous n'avez encore qu'une *croyance* dans laquelle foisonnent contradictions et horreurs? Je ne sais personne parmi nous qui en veuille aujourd'hui. On laisse aux Indous leur dégoûtante chimère. Il reste la distinction; or, si vous vous bornez à exclure de Dieu toutes les formes de l'existence finie, toute détermination positive, vous confessez que Dieu est indéterminable, et que la science de Dieu est négative, ou vide. Essayez-vous de déterminer la nature de Dieu? ou avez-vous un Dieu fait à l'image de l'Être fini, un faux Dieu, une idole; ou bien vous donnez à Dieu des attributs contradictoires, et, par exemple, la pensée sans la condition nécessaire de la pensée. Puis, ajoutant à la pensée l'amour, la joie, la liberté, mais l'amour sans le besoin, la joie sans la tristesse, la liberté sans l'effort, vous croyez avoir avancé dans la connaissance de Dieu, et composer sa nature de la réunion homogène de toutes les perfections : point du tout; vous en faites l'assemblage monstrueux de toutes les contradictions. Voilà ce que dit la logique, voilà lepoint de droit. (Saisset, 2. *objection*).

Que le croyant intelligent veuille analyser ce qu'il fait en pensant à son infini, en l'adorant! Il se pose en face de lui, s'oppose à lui, se distingue de lui, le limite, par conséquent, et le détruit, comme il détruirait le silence en le nommant. Un être infini, de son côté, ne pourrait penser à son adorateur, sans se limiter, et conséquemment sans se suicider. Bien plus, il ne pourrait penser à lui-même puisqu'une pensée, une connaissance indéterminée, n'en est pas une, et renferme contradiction dans les termes; car elle serait déterminée à l'indéterminé!

En résumé, les plus opiniâtres théistes, les attardés, les traînards, avouent forcément « que l'existence de Dieu, malgré le génie de saint Anselme, et les efforts accumulés de Descartes et de Leibniz, n'a jamais pu être rigoureusement prouvée *à priori* (Saisset, *Essai.*)»

Pascal avouait son impuissance.

« Ainsi, nous disait un excellent père de famille, les théologiens se sont consumés en labeurs séculaires et inutiles; ils ont épuisé le raisonnement pour enchaîner des abstractions et donner à leur système une apparence de logique. Cette critique de l'idée de Dieu, par Béraud, Vacherot et autres, mise à ma portée, me fait sourire des actes de foi qui s'échappaient de mon cœur et de mes lèvres trop naïvement. Je ne me pardonne pas tant de bêtise ; aussi vais-je en préserver mes enfants avec le plus grand soin ».

« Béraud et autres, ajoutait une dame, me font sourire. J'étais loin de m'attendre à destruction si complète du surnaturalisme. Il n'avait donc de réalité que dans nos cerveaux, ni d'autre beauté que celle de nos rêves ! De cette vaste ruine, il ne reste plus pierre sur pierre ! »

Eh bien ! prenons-en notre facile parti, en contemplant les sociétés passées telles qu'il les a faites !

« La vieillesse, ai-je répondu, a trop peu souci de la vérité pour abjurer ses erreurs invétérées. Mais, je m'adresse aux jeunes générations : Oh ! si elles comprenaient le magnifique rôle réservé et imposé pour l'avenir aux principes de liberté et de justice, de fraternité et de bonnes mœurs ! »

CHAPITRE V

Comment les dieux s'en vont.

L'histoire de l'Inde nous représente les plus anciens dieux successivement culbutés par d'autres plus nouveaux. En Chine, Confucius établit l'athéisme sur les ruines d'un Panthéon aujourd'hui inconnu; dans la bible hébraïque, les Elohin de la Genèse cèdent la place à Jéhovah qui, jaloux de ses confrères et consœurs Moloch, Mithra, Dagon, Baal, Astarté, finit par subir une horrible incision, le séparant en trois.

Depuis Saturne, détrôné par Jupiter, jusqu'à notre spirituel et facétieux Parny, les Dieux se font la guerre ! et l'audace des mortels s'en mêle; tantôt, décochant au sein de Junon une flèche à trois pointes; tantôt blessant Vénus à la main, enchaînant Mars dans un cachot d'airain; ou bien, elle fait au roi des enfers une blessure douloureuse et profonde; et tout cela, en dépit des anathèmes divins; tout cela, sous l'inspiration, soit de Minerve, ruse politique, soit de la raison plus éclairée (Homère, L. V).

Au vieil Olympe succède paradis chrétien; puis, ciel-empirée, ou la Divinité? une personification des forces naturelles, puis du bien, comme Satan était celle du mal; comme Typhon et Encelade chez les Grecs, celles des forces volcaniques (Humboldt, t. 4. p. 298); comme l'ange du pape Léon et d'Attila, celle de l'ascendant civilisateur sur le conquérant, barbare, « selon l'ultramontain J. de Maistre ; » comme notre Croquemitaine celle du danger et de la punition pour les enfants. Cependant l'humanité, toujours trompée, dupe des symboles, dupe des illusions de l'idéal, peut dire, depuis les Vedas et Brahma jusqu'à Homère, et depuis celui-ci jusqu'à Proudhon ce que le Dieu Mars reprochait à son père Jupiter, divinité suprême: « C'est toi qui nous fais tous ces maux! (Homère, ibid.) » Equivalemment en langage proudhonien : « Le Dieu des ultramontains, c'est le mal! »

Le navigateur, ballotté par les vents, échoué par la tempête dans une nuit obscure ; s'il parvient à se sauver sur la terre ferme, lorsque reparaît le jour, jouit délicieusement de la lumière, de la sécurité, du repos : de même, l'esprit, longtemps agité par les disputes religieuses, saturé de croyances fausses, fatigué de notions incohérentes, entassées pêle-mêle par la théologie sous le nom de mystère, tout exprès pour révolter le bon sens et désoler la raison, se réfugie sur le rocher de la méthode scientifique. Là plus de jongleries, plus de mensonges ! la splendeur du vrai certain reparaissant partout, il contemple, pour ainsi dire, un monde nouveau, et jouit de ce « parfait repos » que souhaitaient Bossuet, Leibniz et Fénelon.

DEUXIÈME PARTIE

Le miracle, prétendue preuve de la foi, implique cercle vicieux et toutes les contradictions du surnaturalisme. On croit une première *abstraction;* là-dessus on élève mille autres *croyances* semblables : quelle solidité peut avoir pareil échafaudage? nous venons de le voir; continuons notre examen.

CHAPITRE PREMIER

Quatre catégories de preuves théologiques

Au commencement du siècle, on entendait des habiles, des meneurs du clergé répéter entre eux : « Nos arguments théologiques, nos raisonnements philosophiques, notre érudition s'adressant aux esprits éclairés, sérieux, qui, malgré tout, nous échappent, à nous la « multitude ! » Nous vivons au milieu d'elle et de sa vie ; concentrons nos efforts de son côté ; nos Missions exercent sur elle une action irrésistible. Lorsque nous lui déroulons la série des antiques prophéties de la Bible, elle écoute et *croit*. Si nous étalons à ses yeux le témoignage des martyrs, leurs souffrances, leurs dévouements héroïques, nous la voyons émue, *confiante*, *persuadée*. Elle s'attache, par force d'habitude, à l'Église, que nous lui montrons ramifiée en tous pays et triomphante. Les miracles surtout que sa *Foi* prend plaisir à multiplier par myriades, ***sans que nous ayons besoin de nous en mêler*** beaucoup : voilà nos preuves et les siennes !

CHAPITRE II

Elles se résolvent dans celles du miracle.

Mais la société a marché, le progrès a usé tous ces artifices, parce qu'ils n'ont pour eux que l'erreur et le mensonge. En effet, les théologiens ramenant les preuves, sur lesquelles ils comptent le plus, à quatre catégories, celles-ci se résolvent nécessairement dans le *miraculeux*, sans lequel les autres n'ont absolument aucune valeur. Ainsi, séparées de lui, les prophéties bibliques deviennent purement naturelles; forcées, elles tournent au ridicule. Sans lui, qu'est-ce que le martyre, sinon un fanatisme? D'ailleurs, erreurs, vices, crimes aussi bien que vérité, vertu, grandes idées, ou découvertes ont eu leurs victimes nombreuses, résolues, audacieuses, opiniâtres. Le catholicisme ne compte des témoignages, ni plus

3.

multipliés, ni plus effroyables que le Mahométisme, le Bouddhisme, le Brahmanisme; ces deux derniers, comme des baobabs plusieurs fois millénaires, quoique battus par les orages, abritent sous leurs rameaux quatre cent millions d'adeptes : a-t-il atteint leur période de longévité, leur degré d'étendue et plus de vigueur? Dans le but de le propager, de se maintenir, n'a-t-il pas, à leur exemple, employé moyens doux et violents, persuasifs et machiavéliques? Or, de tout cela ôtez *le miraculeux, le doigt divin :* ni martyre, ni propagation, ni durée ne prouvent plus la divinité du catholicisme. On ne voit plus en lui rien que de *naturel,* de même que dans les autres systèmes religieux; donc, au *seul miraculeux* se réduisent toutes les preuves; il est le point capital, le vif de la question.

CHAPITRE III

Le miracle, preuve absolument nulle.

Qu'est-ce donc que le miraculeux, le révélé ? La théologie répond (Bergier, *Dict. mir. révél.*)! Tout cela « est surnaturel dans sa cause » ; voilà par conséquent le surnaturel prouvant le surnaturel, la révélation attestant la *foi révélée*; on donne en preuve la *question même* ! comment refuser de s'ébahir devant « ce grand et sublime effort d'une imaginative ?..... » Ici la logique ne permet aux subtilités aucun subterfuge, ne connaît point de cercle plus vicieux; pauvre miraculeux ! Elle souffle dessus et il disparaît ! Là, en même temps, vient échouer la sincérité des théologiens: comment oser en faire parade en face d'aussi grossiers paralogismes ? La probité se joue-t-elle du sens commun? Et leurs livres par millions se proposent de légitimer, d'établir ce qu'ils appellent leur *croyance fondamentale.* A ce déshonnête et piteux résultat aboutissent donc les prodigieuses ressources de tant d'éminents talents!

Piqués au vif, désarçonnés, renversés, nos convertisseurs lancent l'injure aux antithéistes, comme si elle effaçait antinomies, cercle vicieux.

De plus supposez que le miraculeux, le révélé se mêlent à l'histoire: en la traversant, ils la renversent: mettant en défaut logique, philosophie positive, science, il les détruisent; ce cataclysme vous va-t-il? L'absolu scepticisme vous paraît-il sensé? Au contraire, toute vue historiqne des choses implique négativement le miraculeux ou le révélé, et cette négation n'est-elle pas un fait de certitude absolue? L'historien éclairé, ferme, tout en admettant certains phénomènes étranges qui poussent les esprits faibles à des interprétations mystérieuses, distingue, avec soin, les *apparences surnaturelles*; sa logique n'en recherche la cause, l'explication plausible que dans les lois naturelles: exemple que la multitude suit mieux, à mesure qu'elle apprend à mieux raisonner. Ainsi ces fameuses questions, qui, au premier abord, paraissent embarrassantes, se résolvent avec la plus grande facilité, puisqu'elles se réduisent à la contradiction.

« Effrayée dès mon adolescence, nous disait une personne éclairée, spirituelle, mais de carrctère timide, je n'osais fixer ma pensée sur de telles matières.

« Ma foi, se refusait à les examiner ; défenses expresses, excommunications lui servaient de sauvegarde. Je me soumettais humblement à l'autorité de l'Eglise, de la tradition, des livres saints : mais les risibles apparitions, révélations de saint Michel, de la Vierge, ont excité ma méfiance, provoqué mes réflexions. Le point essentiel que vous venez d'élucider ne permet plus l'indécision, la moindre hésitasion. »

CHAPITRE IV

Autorité de l'Eglise, de l'Ecriture, de la Tradition. — Preuves basées sur le miracle.

Pour l'entière satisfaction de votre intelligence, repliquai-je, considérez de près ces trois prétendues preuves auxquelles vous soumettiez votre esprit si aveuglément.

Les deux suivantes: Tradition, Écriture inspirée, se résolvent dans l'autorité de l'Eglise, et celle-ci, ou mieux, toutes les trois dans *l'assistance miraculeuse*: or, le miracle n'étant qu'une exception fausse, un vice de raisonnement, elles restent avec le trône pontifical, suspendues en l'air, comme ces fantômes évoqués par une imagination en délire. Vous possédez donc déjà en ce peu de mots, la pleine justification de votre judicieuse détermination.

Vous n'êtes pas de celles qui, à certains égards, demeurent «jeunes» toute la vie: insouciance, ignorance aiment à rester plongées dans le mystère; or, la simple croyance, c'est le mystère, et l'autorité qui ne prouve point, qui n'explique point aucune liaison naturelle, immédiate avec la croyance. (Lamennais, *Disc.*)

La foi et l'ignorance sont faciles, coûtent peu et plaisent aux niais; mais, l'esprit en se développant veut comprendre. Alors commence le doute, fils de la science. Il interroge l'autorité qui meurt si elle répond; car elle ne peut répondre sans reconnaître à la raison le droit de l'interroger, et, par conséquent, de juger de la valeur des réponses. L'autorité ne doit jamais sortir de la *foi pure*. Quand elle a parlé, *il suffit*, ou elle n'est plus autorité.

Que voulez-vous lui demander de plus ? Elle exclut l'examen, parce qu'elle exclut l'incertitude, la possibitité de l'erreur... Elle se pose elle-même, et si elle essaye seulement de se prouver, elle abdique; car se prouver, c'est reconnaître, implicitement, au moins, un juge et se soumettre à ce juge. Cependant, la raison, si elle ne veut pas s'anéantir elle-même, exige nécessairement des preuves. Voilà pourquoi l'âge de raison, dans les peuples comme dans l'homme, est fatal à l'autorité ; j'entends l'autorité qui ne dépend pas des lois naturelles de la raison. (*Ibid.* 32.)

Cet argument de l'*assistance divine, tant* prôné, suprême espoir de la théologie, mais devenu grotesque, à force de fausseté, ne fait aujourd'hui d'illusion qu'à ceux qui lui refusent obstinément leur attention. En effet, à quels signes *évidents* les distinguer d'*autres miracles*? « Quelle assurance a-t-on de ne se pas tromper dans l'appréciation d'un fait supposé miraculeux? Aussi, pour dernière ressource, a-t-on recours à l'autorité de l'Église... Mais, son droit de décider suppose le miracle. et par conséquent n'en saurait fournir la *certitude*. Voyez donc le cercle : sans miracle certain, point d'Église certaine ; sans l'Église certaine, point de miracles certains. (*Id.* p. 9). »

Ainsi, les populations *croyaient* et leur foi durait en dépit de la logique et du bon sens !

Lamennais qui, avant de repousser le catholicisme, en avait sondé, palpé, éprouvé les faussetés mensongères, hypocrites, s'appliqua surtout à faire ressortir le sophisme et l'antinomie qui nous occupent. Sur quoi serait-on *obligé* de *croire* au miracle? se demande-t-il. « Sur l'autorité de l'Église elle-même, comme on l'enseigne communément? Mais, 1° cette autorité n'avait d'autre fondement qu'elle-même : ce qu'elle n'admet pas; 2° elle ne s'établirait que par un cercle manifestement vicieux; et réduits à leur expression la plus générale, l'*acte de foi* et la raison de l'acte de foi, considérés dans l'Église *une*, se résumeraient ainsi : Je crois en moi, parce que je crois en moi, et pour chaque individu : Je crois à l'Église parce que je crois à l'Église; car la foi n'est et ne peut être que l'individualisation de la foi commune... Il faut renoncer à l'*hypothèse* d'une *intervention surnaturelle* de Dieu, hypothèse qui ne saurait soutenir un examen sérieux (*Ibid.* p. 93). »

« Le catholicisme dit : Il existe des vérités tout à la fois indispensables à l'homme et inaccessibles à l'homme. Dieu les a révélées à quelques-uns, chargés par lui de les annoncer aux autres et de se choisir des successeurs qu'il *assistera* comme eux *surnaturellement*, pour que l'enseignement de ces vérités ne défaille jamais dans le monde et n'y soit jamais altéré. »

« Une première chose frappe d'abord en

cela; c'est que la nécessité de connaître ces vérités soit universelle, et que le moyen de les connaître ne le soit pas; car, on a beau dire qu'il l'est par le but de son institution, évidemment il ne l'est pas de fait, ne peut le devenir qu'après une très longue durée de temps, à l'aide de circonstances naturellement impossibles; et, encore, en ce cas même, est-il certain que l'universalité ne serait que morale et non absolue. Évidemment, donc, le moyen choisi de Dieu n'est pas proportionné à la fin voulue de Dieu, si Dieu *veut réellement* que tous les hommes participent à la connaissance des vérités *indispensables* que conserve et promulgue la hiérarchie. (*Ibid*, 67).) »

Mais, en quel sens ces vérités sont-elles inaccessibles à l'homme? 1° Ou, les hommes n'en sauraient avoir aucune notion; dans ce cas, ils n'auraient pas acquis la connaissance d'une seule vérité; point de révélation proprement dite; seulement des formules, des paroles vides; 2° ou l'homme ne saurait comprendre ces vérités qu'incomplètement, imparfaitement; sous ce rapport, elles ne forment point une classe particulière de vérités spécifiquement différentes des autres vérités naturelles, qui se conservent par la voie de l'enseignement humain et dont aucune ne se perd: on ne voit pas pourquoi il faudrait, pour en conserver la connaissance, un moyen spécial, surnaturel; 3° ou, enfin, les hommes n'auraient jamais pu découvrir les vérités par le seul usage de la raison; ou, nulle vérité inaccessible et restant en dehors de l'observation humaine, ne saurait avoir pour nous un caractère de nécessité; il y aurait en cela contradiction.

En outre, toute idée vraie est accessible à notre esprit; autrement, nous n'en aurions point la notion lorsqu'on nous la présenterait; les formules qui l'exprimeraient n'auraient pour nous aucun sens. Aussi, les Pères grecs, bien loin de regarder les dogmes chrétiens comme inaccessibles à la raison humaine, prétendaient les retrouver dans les religions plus anciennes, dans Platon et autres philosophes. Jésus-Christ même, annonçait-il des vérités nouvelles? Il dit expressément le contraire. Presque toutes les vérités connues de la généralité, ne l'ont été originairement que d'un seul, ou de quelques-uns; le progrès en a répandu la connaissance: point d'autre révélation que celle-là! Enfin, par quel moyen constater qu'une vérité *certaine* ait pour origine une révélation divine? ici reviennent les contradictions du surnaturalisme (Voir première partie).

CHAPITRE V

Définition du miracle.

Lorsque les théologiens, en désarroi, ne conservèrent plus d'espoir que dans le miracle, il fallait bien essayer de le définir; mais hélas! cette tentative jeta, parmi nos infortunés, un complet désaccord qui, à la ruine de leur cause, ajouta le ridicule; car disputes et injures entre comédiens excitent les risées du parterre; leurs embarras inextricables devraient, enfin, éclairer les plus obstinés *croyants*.

Clément d'Alexandrie : « La providence générale de Dieu emploie le mystère des forces plus rapprochées de lui et plus immédiates, pour propager jusqu'aux derniers degrés de l'échelle des êtres, l'efficacité de son opération (*Strom*, l. 6, c., 16). »

Saint Augustin : « Nous déclarons tout prodige contraire à la nature; ce qui pourtant n'est pas. Nous employons cette manière de parler à l'exemple de saint Paul, quand il dit : L'olivier sauvage, enté contre nature sur le franc olivier, participe à son suc, à sa sève. Les prodiges ne sont point contre nature, mais seulement contre la connaissance que nous en avons (*Cité*, l. 21). »

Malebranche : « Dieu ayant prévu ce qui devait suivre des lois naturelles, ne devait pas les établir, s'il devait les renverser. Les lois de la nature sont constantes et universells. Elles sont établies pour tous les temps, et pour tous les lieux. Si la pluie tombe sur certaines terres et si le soleil en brûle d'autres; si un temps favorable aux moissons est suivi d'une grêle qui les ravage ; si un enfant vient au monde avec une tête informe et inutile qui le rende malheureux, ce n'est point que Dieu ait voulu produire ces effets par des volontés particulières...

Il fait, par des lois simples, générales, uniformes et constantes, tout ce que nous voyons dans la nature (art. 18 *addit.*)

« Il me semble qu'on est obligé de penser que Dieu ayant une sagesse qui prévoit toutes les suites et tous les actes possibles et toutes leurs combinaisons, *ne fait jamais de miracles*, lorsque la nature suffit, et qu'ainsi il a dû choisir la combinaison des effets naturels qui, lui épargnant, pour ainsi dire, des miracles, exécute néanmoins très fidèlement ses desseins... Les superstitieux, par une crainte servile, par une bassesse et une faiblesse d'esprit, s'effarouchent dès qu'ils voient quelque esprit vif et pénétrant. Il n'y a, par exemple, qu'à leur donner des raisons naturelles du tonnerre et de ses effets pour être un athée dans leur esprit. (*Rech.* L. 4, c. 6.) »

Bossuet, s'attachant fortement à trouver tout lié dans l'ordre de Dieu, n'en expulse-t-il pas logiquement le miracle? « Dieu conduit chaque être à la fin qu'il s'est proposée par des voies suivies... est *un*, et, dans son ouvrage, n'a qu'une *seule* pensée. Cette pensée est si simple et si unique qu'elle ne peut se développer au dehors que par une prodigieuse multiplicité d'effets; et tous ces effets qui expriment cette *unique* pensée « dès là » sont *unis* entre eux. »

Leibniz a souvent et fortement pensé à une théologie *naturelle*, qui s'accorderait parfaitement avec la raison, et qui ne dérogerait en rien à la religion révélée et à la gloire de Dieu.

Toutefois, dans cette manière de comprendre le monde, vers laquelle le progrès poussait irrésistiblement grand nombre de théologiens, Bossuet, en désaccord avec lui-même, entrevoyait la ruine du catholicisme. Et avec raison il essayait de conserver la distinction absolue du naturel et du surnaturel et « l'abîme » infranchissable entre l'un et l'autre. Quand ils écrivaient que le premier se greffe sur le second, qu'ils se tiennent nécessairement, et que le point de contact suffit à tout expliquer, il répliquait que c'est la confusion des deux *ordres* et qu'elle équivaut à la destruction de l'un d'eux : « Si vous permettez que l'un pénètre dans l'autre par un seul point, il y passera tout entier. » Il les blâmait vivement d'expliquer le déluge naturellement, parce que cela conduisait à expliquer de même le passage de la mer Rouge, la terre entr'ouverte sous les pas de Coré, le soleil arrêté par Josué, et tous les miracles de cette nature. « Quand il me plaira, je rendrai tout naturel, jusqu'à la résurrection des morts et la guérison des aveugles-nés. (*Crit. l.* 11, p. 176).»

Voyez donc le malheur de servir un parti mauvais! ô lumière de l'Eglise! comment n'aperceviez-vous pas que votre aveu, tout autant que vos adversaires, la ruine et vous identifie avec eux? Car, puisque vous vous sentez capable d'indiquer la cause *naturelle* de chacun de ces phénomènes, à quoi bon recourir à une autre, superflue, par conséquent absurde, ridicule? à quoi bon rechercher une seconde mère de vos enfants, qui serait la fausse?

Notre profond évêque pouvait expliquer les prodiges d'autant plus aisément que Jésus, quand il était censé les opérer, défendait de dire « ce qui s'était passé, de divulguer le secret, et souvent avec menaces. (Luc. ch. VIII, v. 46).»

Tout d'abord, un pareil agissement dévoile la fausseté. Vous semble-t-il le fait d'un Dieu « descendu » parmi les hommes exprès pour les convertir par ses miracles et les sauver?

Chez un chef de synagogue qui pleurait

morte son enfant âgée de douze ans, Jésus affirme expressément que l'enfant n'est pas morte ; qu'elle n'est qu'endormie. Et, en effet, il lui suffit de lui prendre la main en l'appelant par son nom pour qu'elle se réveille et se lève.

Eh bien! malgré cet aveu, les évangélistes s'obstinent à croire (ou feignent de croire) à une résurection. (Matthieu, chap. IV, v. 23. Marc, chap. V, v. 39. — Luc, chap. VIII .)

Certes, Bossuet ne présumait pas de son esprit, car, si nous lisons avec lui le récit de la prétendue résurrection de Lazare, nous relevons lesaveux formels de Jésus à quelques-uns de ses apôtres : « Sa maladie n'est pas à la mort, mais pour la gloire de Dieu, afin que le fils de Dieu soit glorifié en elle (Jean, chap. IX v. 4)). « Notre ami Lazare dort : je vais le réveiller (v. 1).» et, plus loin, « Lazare dort : et je me réjouis à cause de vous, de n'avoir pas été près de lui (v. 14 et 15.) »

Le but de la scène était d'exciter la foi de la foule nombreuse des témoins (v. 21, 26, 45). Elle se joue très-adroitement. « Jésus se trouble par deux fois et pleure son ami intime...

puis il l'appelle d'une voix forte et celui-ci sort de la grotte. Remercie-t-il Jésus? embrasse-t-il ses amis? Non. Et beaucoup crurent en Jésus (v. 45). »

« Remarquez, dit Renan, que les actrices, ici, sont des femmes ayant conçu cet amour sans égal que Jésus sait inspirer autour de lui; des femmes ainsi placées en face d'incrédules qui raillaient celui qu'elles aimaient (Vie de Jésus. App. H. 25). »

A l'exemple de Bossuet, Duvoisin, évêque de Nantes, définit le miracle : « Une œuvre contraire à l'ordre physique et qui, par conséquent, ne peut être l'effet des lois du mouvement et des propriétés de la matière. Pour qu'un effet soit miraculeux, il ne suffit pas qu'il soit nouveau et singulier, et que la cause demeure inconnue; il faut, de plus, que l'on aperçoive distinctement qu'il est en opposition avec quelqu'une des lois connues de la nature. « (Démonst. évang. C. 1). »

Le cardinal Gousset exprime le sentiment le plus général parmi ses confrères : « Quand un événement, un fait paraît évidemment contraire aux lois générales, constantes et bien connues du monde physique, il n'est pas permis d'en rechercher la cause dans quelque autre loi, ou dans quelque propriété inconnue de la matière. Les différentes lois de la nature ne se contredisent point; et ce qui supposerait manifestement la violation de l'une, ne pourrait pas être la conséquence d'une autre. »

Jusqu'ici donc point de définition *certaine!* éternelle division entre les conducteurs d'Israël ?

Voici ce qui achève de désespérer la théologie et la précipite dans un bourbier où elle patauge risiblement sans jamais réussir à sauver son honneur : le miracle, sa consolation, sa sauvegarde, ne la met-il pas à la merci du diable ! oui, ce malin opère des miracles, surnaturels suivant les uns, naturels selon les autres. Vous souvient-il, par exemple, des prodiges de Moïse combattus par ceux des magiciens ? Or, comme le serpent du céleste thaumaturge n'est pas toujours présent pour dévorer la couleuvre du démon, comment discernerons-nous les merveilles divines des merveilles diaboliques ? — Les papes infaillibles, répond quelque ultramontain inspiré, les attribuent à Dieu quand ils favorisent l'Eglise et sa doctrine. — Ainsi Eglise et doctrine en prouveraient la divinité, et réciproquement il prouverait celle de l'Eglise et de la doctrine! toujours le cercle vicieux; impossible à la théologie de l'éviter.

Aussi, le jésuite Berthier, après avoir lu tout ce que les théologiens avaient pensé sur cette matière, écrivait : « La doctrine des miracles, article que je n'ai encore vu nulle part traité d'une manière satifaisante (Genoude, *Raison du Christ*). »

Très-bien, mais alors, pour le remarquer en passant, sur quoi fondait-il sa *foi?* car sans miraculeux, point de christianisme. Cet aveu me fait songer à l'un de ses confrères, ami de Voltaire, et auquel notre philosophe reprochait d'aimer à prêcher, le connaissant un parfait athée. « Vous ignorez, répliqua le jésuite, quel plaisir on éprouve à se faire écouter de dix mille personnes. » — Duperron, après avoir déployé sa faconde à prouver l'existence de Dieu, disait : « Maintenant je vais prouver la thèse contraire avec la même facilité. » Aussi devint-il cardinal et ami d'Henri IV !

Il faut donc renoncer à une définition rationnelle du miraculeux, et revenir à l'interprétation des premiers théologiens, laquelle se rapproche des philosophes anciens et modernes, de notre méthode positive et scientifique. Les Pères de l'Église ne distinguaient point encore avec netteté ni ne séparaient radicalement le surnaturel du naturel; ils tendaient plutôt à ramener le premier au second afin de rendre leur système rationnel et acceptable à l'esprit humain; on les voit s'inspirer de Platon, de Cicéron, de Sénèque et autres. Platon : « Assurément l'incrédulité peut se rencontrer dans quelqu'un cherchant sincèrement la vérité, désirant la connaître; il prouve son jugement, en refusant de croire ce qui est vraiment incroyable... »

Cicéron : « Retranchez la connaissance de la nature, la conduite de la vie n'a plus de base. Là seulement l'âme se raffermit contre la mort et contre la superstition. Rien ne calme l'esprit comme de pénétrer les secrets de la nature. (L. 1, C. 19). »

« Les divines lois de la nature ont, de l'aveu de tous, de la sûreté et de l'ensemble. (*Devoirs* L. 2). »

Sénèque : « Il y a affinité entre les diverses parties de la nature. On peut s'appuyer sur d'innombrables exemples pour prouver l'existence des relations naturelles d'un concert, d'un consentement que les Grecs appellent sympathie, entre les diverses parties, mais suivant des lois. Leur multitude innombrable rend la science de la nature fort difficile, du moins à ceux qui les admettent. Si une chose eût été impossible, elle ne serait pas du tout arrivée. Jamais il ne s'est fait rien de ce qui ne pouvait se faire ; par conséquent dès qu'une chose arrive, il n'y plus lieu de s'en étonner. Dans tout ce qui nous paraît nouveau, c'est l'ignorance de la cause qui produit l'étonnement; tandis que cette même ignorance n'a rien qui nous frappe dans les choses que nos yeux voient habituellement. (Id. 22). »

« Nature et Dieu sont identiques, et il n'y a pas diversité de fonctions. (L. 1. c. 8). »

Il y a peu de siècles, comme l'atteste l'ouvrage du curé Thiers sur les superstitions, et même de notre temps, comme le constatent nos pauvres spirites attardés, et le spiritisme, par Jacolliot, on attribuait à une magie surnaturelle certains phénomènes que la science classe dans la magie naturelle : le miraculeux en religion a subi un changement analogue. (*Journal des savants, f. 1853*). La philosophie le dépouille de son vieux prestige; l'ascendant irrésistible de la logique et de l'expérience force les plus opiniâtrément crédules à n'admettre que l'ordre naturel où ils vivent, et qu'ils connaissent.

Saint-Réal : « J'avoue que notre ignorance a souvent pris, pour de vrais miracles, ce qui était très conforme aux lois de la nature. Il faut convenir aussi que.... nous ne connaissons pas entièrement jusqu'où peut aller le pouvoir de la nature. »

J.-J. Rousseau. « Puisque un miracle est une exception aux lois de la nature, pour en en juger il faut connaître ces lois, et pour en juger sûrement, il faut les connaître *toutes*; car une seule que l'on ne connaîtrait point, peut, en certain cas inconnu aux spectateurs, changer l'effet de celles qu'on connaîtrait. Ainsi, celui qui prononce que tel acte est un miracle, déclare qu'il connaît toutes les lois de la nature, et qu'il *sait* que cet acte est une exception. Mais quel est ce mortel qui se vante de connaître toutes les lois de la nature?

Newton ne se vantait pas de les connaître. Un homme sage, témoin d'un fait inouï, peut attester qu'il a vu ce fait, et l'on peut l'en croire; mais ni cet homme sage, ni nul autre homme sage sur la terre, n'affirmera jamais que ce fait, quelque étonnant qu'il puisse être, soit un miracle; car comment pourrait-il le savoir?.. Soit donc qu'il y ait des miracles, soit qu'il n'y en ait pas, il est impossible au sage de s'assurer que quelque fait que ce puisse être en soit un (*Lett. de la mont.*) »

Voltaire : « Un miracle est la violation des lois mathémathiques, divines, immuables, éternelles. Par ce seul exposé un miracle est une *contradiction* dans les termes. Une loi ne peut être à la fois immuable et violée. Mais, une loi, dit-on aux physiciens, étant établie par Dieu, ne peut-elle être supendue par son auteur? Ils ont la hardiesse de répondre que non, et qu'il est impossible que l'être infiniment sage ait fait des lois pour les violer. Il ne pourrait, disent-ils, déranger la machine que pour la faire mieux aller; or il est clair qu'étant Dieu, il a fait cette immense machine aussi bien qu'il a pu. S'il a vu qu'il y avait quelque imperfection résultant de la matière, il y a pourvu dès le commencement. Ainsi, il n'y changera jamais rien. Pourquoi Dieu ferait-il un être vivant?

« Il dirait donc : Je n'ai pas pu parvenir par la fabrique de l'univers, par mes décrets divins, par mes lois éternelles à remplir un certain dessein ; je vais changer mes éternelles idées, mes lois immuables, pour tâcher d'exécuter ce que je n'ai pu faire pour elles. Ce serait un aveu de sa faiblesse et non de sa puissance. Ce serait en lui la plus inconcevable contradiction. Ainsi donc, oser supposer à Dieu des miracles, c'est réellement l'insulter. C'est lui dire : Vous êtes un être faible et inconséquent. Il est donc absurde de *croire* des miracles ; c'est déshonorer la divinité (*Dict.*). »

Voltaire suit Malebranche. Une dévote écoutant ces réflexions nous dit : Hélas ! moi qui craignais de déplaire à la divinité en ne *croyant* pas tous les miracles et m'imaginais la glorifier, mériter le ciel par une robuste *foi* : combien elle nous rend sottes et ridicules !

Erskine : « Nous avons la perception intuitive que les phénomènes de la nature sont liés entre *eux* par une relation de causes et d'effets, et nous en avons, en même temps, le désir instinctif de classer, de coordonner conformément à cette relation si frappante, la masse, en apparence si confuse, des faits dont nous sommes environnés. De ces principes proviennent toutes les théories qui se sont successivement formées dans l'esprit humain. Mais ces principes ne peuvent jamais *contredire* une véritable théorie. Ils nous encouragent à la produire; *l'expérience*, ensuite, devient indispensable pour nous prouver qu'elle est fondée en raison. »

Bonnet : « Les essences des choses sont immuables et indépendantes de la volonté créatrice... Les lois de la nature ont toujours pour premier fondement les propriétés naturelles des corps, et, si l'essence changeait, les choses seraient détruites... Si je pouvais embrasser l'univers entier ou la totalité des choses, je connaîtrais pourquoi chacune est comme elle est et non autrement. J'en jugerais, alors, par ses rapports au tout, de la même manière, précisément, qu'un mécanicien juge de chaque pièce d'une machine. Je conclurais, donc, que l'univers est comme il est, parce que sa cause ne pouvait être autrement. »

« La force des lois de la nature s'étend beaucoup plus loin qu'on ne l'imagine... ce qu'on prend communément pour une suspension de ces lois, pourrait n'être qu'une dispensation ou une direction particulière de ces lois... Celui qui *croit* au miracle ressemble à un ignorant en mécanique qui, ne pouvant deviner la raison de certaines pièces d'une belle machine, recourrait, pour les expliquer, à une sorte de magie, ou à des moyens surnaturels. »

Leibniz : « Quand on allègue uniquement la volonté de Dieu pour rendre raison d'un effet physique, c'est recourir à un miracle, et même à un miracle perpétuel : car la volonté divine opère par miracle toutes les fois qu'on ne saurait rendre raison de cette volonté et de ses effets par la nature de son objet. Par exemple : la planète qui, en circulant, se conserve dans son orbite, sans autre aide que celle de Dieu... Miracle proprement dit, ou *surnaturel... fiction où l'on a recours pour soutenir des opinions mal fondées...* surnaturel toujours continué, quand il s'agit de trouver une cause rationnelle!... Là où Dieu fait ces effets sans employer aucuns moyens intelligibles, c'est une qualité occulte, déraisonnable, qui est tellement occulte qu'il est impossible qu'elle puisse jamais devenir claire, quand même un ange, pour ne pas dire Dieu, la voudrait expliquer. (*Lett. sur mir.*) »

J'omets Dumarsais, Hume, Kant et beaucoup d'autres, citant presque et exclusivement Lamennais, parce que Lamennais les résume tous.

J'ai donné, dans le but de satisfaire pleinement l'esprit, un long spécimen de cette critique philosophique qui défiait les théologiens d'établir une définition rationnelle du miracle.

CHAPITRE VI.

Le miracle implique identité des contradictions, c'est-à-dire l'extrême absurdité.

D'où vient cette impuissance des théologiens? oh! c'est bien simple : ils n'ont encore pu suspendre ce décret admirable de l'identité des contradictions qui ferait qu'une chose est et n'est pas tout à la fois; secret seul capable, précisément, de rendre le miraculeux possible!

Par exemple :

L'action de Dieu sur les créatures « si elle n'était pas conforme à leur nature, serait sans effets sur elles; elle n'existerait pas pour elles; ce serait et ce ne serait pas une action tout à la fois (Lamennais, *Esquisse*, *v.* vol. l. 1 c. 8). »

Le miracle est-il possible? « Il faut pour répondre attacher à ce mot un sens précis. On ne peut entendre qu'une de ces trois choses : 1o ou un acte accompli en vertu des lois connues seulement de celui qui accomplit l'acte, inconnues aux autres hommes, ou, même, inconnues à la fois et de ceux-ci et du premier ; 2o ou un acte qui, de toutes manières, surpasse la puissance de celui qui l'accomplit, ou paraît l'accomplir ; 3o ou un acte qui émane directement de Dieu, et qu'il accomplit par l'efficace d'une volonté indépendante des lois naturelles des êtres créés ; ou des rapports réciproques, d'après lesquels les causes et les effets s'enchaînent régulièrement dans l'univers. Selon le premier sens le miracle n'étant que l'ignorance de la cause naturelle productive du fait, il n'y aurait pas de miracle réel, et, toutefois, nul doute qu'une multitude de faits, réputés miraculeux, ne rentrent dans cette catégorie par leur caractère et leur origine. Le deuxième sens se résoud manifestement dans le troisième ; car, dès qu'on élimine, comme cause d'un fait, l'action naturelle de l'agent par qui ce fait paraît s'accomplir, il ne reste, pour l'expliquer, que l'action immédiate et surnaturelle de Dieu.

4o Mais, arrivé là, on rencontre une *contra-*

diction absolue ; car le faitmême oblige à concevoir, tout ensemble, et la puissance qui agit pour l'accomplir, et le terme de son action distincte d'elle... Mais ce terme de son action n'a pu être réalisé, n'a pu exister que sous les conditions qu'implique son essence, que selon les lois de cette essence, qui sont leslois naturelles... Mais, nier la cause immédiate et naturelle d'un fait, c'est nier ce fait même, car cette cause n'est que la condition, le mode essentiel et nécessaire de son existence. Prouver un fait *supposé* miraculeux, c'est prouver qu'il n'est pas miraculeux, ou hors de la nature et de ses lois (*Discussions*, page 61). »

« Bientôt, l'homme comprendra qu'il n'existe *qu'un ordre* où tout se produit et s'enchaîne selon des lois permanentes, immuables, éternelles (p. 32). »

En effet, il faut nécessairement poser en principe les éléments primitifs, leurs combinaisons variées indéfiniment, dont les propriétés constituent ces lois: or, l'être divin des théologiens ne pourrait agir sur elles qu'en s'y conformant ; autrement, son action resterait sans effet, existerait et n'existerait point tout à ls fois « : Ce serait admettre l'identité des contradictions! »

D'autre part, il ne pourrait agir non plus que conformément à sa propre nature; autrement il agirait et n'agirait point: donc en tous sens son action serait *naturelle* (*Esquisse*, l. 1, c. 8); donc, encore, la nature divine serait identique avec celle de l'univers, et, par conséquent: totale exclusion du surnaturel, du miraculeux.

De plus, comment prouver à la raison *naturelle* ce qui serait au-dessus de la raison *naturelle?* « On ne saurait rien prouver à la raison sans la rendre juge, sans nier, dès lors, ce qu'on veut prouver, c'est-à-dire le caractère distinctif, essentiel du miracle (Lamennais, *disc.* p. 60). »

Le clergé voulait, avec Bossuet, que ses auditeurs prissent à la lettre son enseignement biblique, évangélique, de Dieu parlant avec Adam, Eve, Caïn, les Patriarches, Moïse, le serpent et le diable. Cependant, Clément d'Alexandrie: « La substance angélique n'est point en harmonie avec l'organisation de l'homme; les habitants du ciel n'ont point une langue pour parler comme les hommes ont des oreilles pour entendre. Tout ce qui concourt à la fonction de la voix, lèvres, parties avoisinantes, gosièr, trachée-artère, poitrine, la respiration, l'air frappé; ils n'ont rien de tout cela. Ne me dites point non plus que Dieu s'exprime par la voix, lui que son impénétrable sainteté sépare même des anges (*Strom.* l. 6. c. 7)..»

Tertullien écrit: « Il faut comprendre en ce sens, que les deux pécheurs, Adam et Eve, *croyaient* entendre Dieu s'avancer vers eux; ou bien on doit l'interpréter d'une manière purement allégorique, comme sommeil, colère, ou autres affections attribuées à Dieu (l. 6, c. 4). »

Après ces pères de l'Eglise, Lamennais répond: « Entendez-vous que Dieu, usant de moyens matériels, a produit extérieurement une suite de sons qui, frappant l'oreille des hommes qui écoutaient, a fait naître en eux certaines pensées? Mais quelle espèce de certitude un fait de cette nature peut-il offrir, quant à la cause immédiatement divine par laquelle on le *suppose* produit? une voix retentit dans les airs; je vois là, sans doute, un phénomène extraordinaire, inexplicable pour moi, dans l'état actuel de nos connaissances, mais dont rien ne me portera à rechercher l'origine en dehors des lois naturelles, tandis que la logique aura quelque empire sur mon esprit; car, puisque l'effet est naturel, la cause, bien qu'ignorée doit l'être aussi. Que si la voix déclare être la voix de Dieu, son témoignage ne prouve rien; toute autre voix que celle de Dieu pouvant en dire autant et une autre preuve est indispensable. »

Auquel des deux prodiges Ève devait-elle s'en rapporter? De celui d'un serpent parlant, et dont le conseil s'accordait avec la nature humaine ou de celui d'une voix aérienne et d'une forme se montrant, disparaissant comme un fantôme?

CHAPITRE VII.

Révélateurs et médiateurs

« Entendez-vous que Dieu agit intérieurement sur l'organe, quel qu'il soit, de la pensée pour éclairer l'intelligence ; qu'en se manifestant à l'esprit d'une manière plus nette et plus vive, il lui découvre des vérités qu'auparavant il n'apercevait point, ou n'apercevait qu'obscurément ? Vous énoncez le simple fait de la pensée même et ne sortez point de l'ordre naturel (Lamennais *Disc.* p. 55). »

Quelqu'un se pose en révélateur, médiateur, entre Dieu et le genre humain « Qu'est-il, si ce n'est un homme dont la raison est plus éclairée et plus développée? Dès lors son enseignement se réduit à l'enseignement ordinaire de la raison et dépend des mêmes lois.

Pas plus qu'un autre il n'a le droit d'exiger qu'on le *croie*, aveuglément, sur parole. Cette sorte de *foi* serait téméraire, déraisonnable, absurde. On examine ce qu'il dit, on l'admet s'il paraît vrai, et s'il paraît faux on le rejette. L'hypothèse, contradictoire, dès qu'on l'analyse, d'une révélation surnaturelle, a pour but d'échapper à cette conséquence en fournissant une base sur laquelle on puisse établir une autorité telle qu'on soit *obligé* de *croire* ce qu'elle dit avant tout examen et indépendamment des résultats logiques de tout examen. La *raison de croire*, alors, est la parole de Dieu transmise par le révélateur secondaire! Fort bien s'il est *certain* que Dieu a parlé au révélateur autrement qu'il ne parle à tous les hommes, et que le révélateur *répète fidèlement* la parole de Dieu. Or, quelle *assurance* en peut-on avoir? Ceci est un fait *intime* sur lequel, d'une part, celui qui se *prétend* être l'organe de la révélation, peut *très-aisément s'abuser*, et qui, d'autre part, *n'ayant pas de témoin* parmi les hommes, ne saurait, par conséquent, trouver sa *preuve* dans un témoignage extérieur (ibid. 60). »

J. C. comprenait cela quand il disait : « Si je n'ai d'autre témoin que moi, mon témoignage n'est rien. » Sur quoi donc s'appuyait-il? Sur une voix aérienne le déclarant « son fils bien-aimé, disaient les uns ; sur un, ou deux coups de tonnerre, disaient les autres ; sur sa doctrine que nous apprécierons dans un livre spécial ; sur des guérisons, des prodiges que Bossuet se sentait capable d'expliquer naturellement, quand il lui plairait (ci-dessus. C. 5). »

« On a vu qu'à moins de produire un genre de preuves spécialement applicables à ce cas spécial, on autoriserait tous les visionnaires, tous les fanatiques, tous les imposteurs. C'est pourquoi on a exigé le pouvoir miraculeux en celui qui se dit inspiré, pour légitimer la *croyance* implicite, absolue, en dehors des lois naturelles de la raison qu'il demande de ceux qui l'écoutent. »

« Mais qui jugera des miracles eux-mêmes? la raison? Voilà donc encore la révélation surnaturelle qui retombe de fait dans le domaine et sous la dépendance de la raison naturelle. Quiconque doute du miracle doit douter de la révélation. (*Disc.* p. 69.)

CHAPITRE VIII.

Preuves historiques

Pendant que les derniers apologistes, n'ayant plus rien à dire, employaient beaucoup de temps et de papier à relever dans l'histoire, à exhumer çà et là dans tous les pays les faits vulgairement réputés miraculeux, Lamennais anéantissait ces débris dont l'honneur de l'humanité réclamait et conservait précieusement l'oubli.

« Les preuves historiques de la révélation supposent la solution des problèmes antérieurs qu'enveloppe le dogme révélé. Car, il serait très absurde de dire qu'on prouve historiquement quelque chose d'impossible et de contradictoire. Il faut donc que la preuve de la possibilité du fait précède le fait. Or, cette première preuve implique rigoureusement la connaissance *certaine* des faits et des lois. De plus, ces preuves qu'on nomme historiques sont, ou purement *naturelles*, et, alors ne peuvent servir à établir *l'ordre surnaturel*, avec lequel elles n'ont aucune sorte de liaison ; ou *surnaturelles*, et, alors, étrangères à la raison, au-dessus d'elle et en dehors d'elle, elles ne prouvent rien pour elle. »

« Évidemment, donc, elles ne peuvent avoir qu'une valeur subordonnée. On croit prouver historiquement que saint François Xavier a été vu simultanément en plusieurs lieux.

Je suppose des témoignages nombreux, concordants, inattaquables, sous le rapport de la sincérité des témoins et de leurs lumières; la preuve sera complète en tant qu'historique, ou en tant qu'elle repose sur le témoignage. Cependant, *croirez-vous* au fait attesté ? Jamais, parce que ce fait opposé aux lois *certainement* connues implique une *contradiction* essentielle, absolue : savoir que deux étendues, réelles et distinctes ne soient qu'une seule et même étendue. Quand, donc, on essaye de résoudre les questions que fait naître l'*hypothèse* d'un ordre de dispensations et de vérités surnaturelles, non par l'examen direct de ces questions mêmes, mais indirectement par des preuves historiques, qu'on appelle motifs de *croyance*, on ne prouve rien effectivement. On ne veut rien, et l'on est toujours contraint, quoi qu'on fasse, d'en revenir à une discussion qui porte sur le fond même des choses.

« D'ailleurs, qu'on prétende, comme cela s'est vu, autoriser par des faits surnaturels des doctrines réciproquement contradictoires, par exemple l'unité de Dieu et la pluralité des Dieux, et que, de part et d'autre, on produise des témoignages légitimes; alors, ce ne seront plus les preuves historiques, ou les faits allégués qui autorisent les dogmes; ce sera le dogme qui autorisera les preuves historiques. L'Eglise, en effet, n'enseigne-t-elle pas que, si l'on juge de la doctrine par le miracle, on juge aussi du miracle par la doctrine? Et forcée dès lors de se réserver, le jugement de l'un et de l'autre, les preuves de l'un et de l'autre viennent, en définitive, se résoudre toutes dans son *autorité* qui reste elle-même *sans preuves* (*Disc.* p. 83). »

Autre exemple : Pendant le grand schisme d'occident — de 1304 à 1417, — nous nous bornons à celui-là ! — deux ou trois papes se couvrant mutuellement d'injures, s'excommuniant, se disputant le Saint-Esprit, l'infaillibilité, où donc résidait *l'autorité divine ?* L'un attirait à son parti quelque individu réputé saint, signalé par des miracles, mais l'adversaire trouvait bien aussi quelque personnage non moins fameux, non moins thaumaturge. Et les cafards prétendaient qu'on respectât, qu'on traitât sérieusement pareilles bouffonneries, parce que les théologiens effrontés les présentaient à *la foi* de la multitude !

Afin de forcer la timidité à réfléchir, mettons encore une fois son doigt sur l'endroit sensible. Reportons-nous au temps de J.-C. : ne fallait-il pas qu'il se soumît à l'appréciation de ses contemporains, au jugement de la raison *naturelle*, pour faire des prosélytes, s'attacher des disciples, constituer sa petite Eglise ?

Quand il l'eut formée tant bien que mal, oseriez-vous soutenir que logiquement ces bonnes gens seuls possédaient autorité infaillible, miraculeuse, pour juger sa doctrine et ses miracles ? Voilà donc la révélation miraculeuse, non-seulement soumise à des jugements humains, mais les autorisant à juger qu'elle est une miraculeuse révélation! L'esprit le plus simple comprend comment cette pauvre théologie, après des travaux séculaires et gigantesques, trébuche à chaque instant pour échouer contre des sophismes qui n'ont pas même l'excuse d'un peu d'esprit; elle ne conserve pas un reste de vie; vous ne lui voyez que les mouvements d'une grenouille galvanisée.

« Il y a des miracles quand on y *croit* : ils disparaissent, quand on n'y *croit* plus. (Lamennais *ibid. p.* 64). »

Depuis longtemps on ne *croit* plus aux miracles, ni à l'inspiration, et ces *croyances* ne renaîtront point, parce qne les causes qui les ont détruites, augmentent incessamment de puisssance. Observez le progrès de l'esprit humain dans cette voie. Ce n'était pas seulement à la religion que les anciens âges attribuaient une origine *surnaturelle* ; mais encore, à la société, aux métiers, aux arts, à toutes les inventions utiles. (*Ibid.* 52.)

Lorsqu'on ne découvrait point la cause prochaine des phénomènes, on les expliquait par une cause suprême, par des divinités *infé-*

rieures, amies, ou ennemies. Peu à peu le cercle des interventions miraculeuses se rétrécit. Aujourd'hui, les populations le réduisent à zéro. On ne voit que les lois naturelles, rien en dehors, ni au-dessus d'elles, en qui *seules* règne la *certitude*. Du reste, si les faits prodigieux présentés par les divers systèmes théologiques avaient réellement existé, si les apparitions, les entretiens de Dieu avec les mortels, les résurrections, ascensions, etc., relatés dans les ouvrages sacrés des Indous, des Chaldéens, des Hébreux, des Chrétiens, étaient des *évènements historiques*, il faudrait convenir que les lois de la nature différaient, à cette époque, de la nature d'aujourd'hui, et que les hommes actuels, n'ayant rien de commun avec ce passé, nous devrions renoncer à nous en occuper.

« Ces phénomènes ne nous apparaîtraient que comme des mystères dans l'histoire, » dit Volney.

De tout ce qui précède résulte donc cette conséquence forcée : la *Foi* qui s'appuie sur le miraculeux, ne conserve ni la plus simple probabilité, ni la moindre apparence de preuves quelconques.

A quoi se réduit-elle?

Le voici :

Le roi d'Angleterre, Henri VIII, en désaccord avec son clergé, ordonna d'extraire des couvents, des sombres églises et chapelles, toutes les machines à miracles : statues, tableaux, crucifix parlants, pleurants, saignants. On en fit sur la place publique un monceau de débris et de cendres, après que la foule eut reconnu, touché, contemplé, avec stupéfaction, ces instruments de fourberie qui l'avaient émue, effrayée, qu'elles avaient priés, vénérés, adorés! C'était le *surnaturel* de l'époque. On lit dans Lucien que les sacerdoces païens, qu'il connaissait bien, abusaient, se jouaient du vulgaire par de semblables stratagèmes. Avec quelle tenacité se conservent ces coutumes et ces traditions! Mais, malgré les résistances opiniâtres, désespérées de l'imposture, le flot de la pensée lui ravit et emporte loin d'elle la multitude désabusée : critique et sarcasme ont discuté, mesuré, examiné, de la tête aux pieds, Arlequin, Polichinelle, et ont montré aux *croyants* ébahis et penauds leurs dieux ridicules.

« Combien souvent, nous racontait un vieil ami, qui avait passé par le séminaire, ai-je entendu *certains* hommes se disant entr'eux : « Que nous importe que les faits, réputés miraculeux par la foule, soient purement naturels, pourvu qu'ils produisent sur elle l'effet « que nous en attendons! Quand il n'y aura « plus de mendiants, que porcherons et pâtres « iront à l'école, ils critiqueront nos prédications, se moqueront du catéchisme, déserteront les églises. »

« Ces gens-là comprenaient parfaitement, ce me semble, la sottise de leur système. Et la voix discrète et basse des chefs, répétait aussi à propos : « A quoi devez-vous votre position « heureuse? à *la foi! La foi* vous établit dans « la société au premier rang, vous procure « considération et bien-être : sans la *foi* que « seriez-vous?... » « Alors, je voyais toutes les griffes s'accrochant convulsivement au miraculeux, comme feraient celles d'un singe aux branches suspendues sur un précipice! »

TROISIÈME PARTIE

Les vieux dogmes de la Foi sont des mythes imcompris et usés; les nouveaux puérils et ridicules.

CHAPITRE PREMIER.

La théologie théorique, soumise depuis longtemps au scalpel de la philosophie, ne peut plus revivre. L'étude comparée de ses formes historiques, qui date au moins de trente ans, nous donne des enseignements féconds, nous apprend à mieux comprendre ses divers système, à reconnaître leurs points d'identité et de divergence, à les bien juger; enfin, à ne leur accorder de confiance et d'estime qu'autant qu'ils en méritent, ou à leur infliger notre mépris.

Pourquoi n'appliquerions-nous pas aux religions, dit Max Müller, « la méthode comparative qui a produit en d'autres domaines de si magnifiques résultats? Que l'emploi de cette méthode aboutisse à modifier bien des idées fort répandues sur l'origine, le caractère, le développement et la décadence des religions, je ne le conteste pas... ce progrès hardi, indépendant, qui est notre devoir et notre honneur... cette certitude où nous sommes de trouver du nouveau, est une raison de plus pour nous encourager à ne pas négliger, à ne pas différer plus longtemps l'étude comparée des religions... celui qui n'en connaît qu'une, n'en connaît aucune (*Science*, p. 11). »

Connaissant les règles de la méthode et de la critique, maintenant qu'à l'aide des nombreux documents découverts de nos jours, nous pénétrons jusqu'aux sources les plus profondes, jusqu'aux origines les plus lointaines des idées religieuses, nous ne devons plus nous refuser à une étude devenue pour tous une nécessité. Etablir une science des religions qui repose sur la comparaison de toutes, ou, au moins, des plus importantes, ce n'est plus qu'une question de temps : Elle est réclamée par des voix autorisées, auxquelles il faut obéir (*ibid.* 28.) »

Il y a peu d'années, M. Huc, missionnaire, évêque au Thibet, ayant exprimé dans un livre son étonnement de retrouver dans le Bouddhisme les principaux dogmes catholiques qu'il *compare* avec de longs détails, son ouvrage fut condamné, mis à l'index par le pape. Ce fait atteste suffisamment combien la théologie redoute la méthode comparative, et qu'elle y trouve sa ruine complète, définitive.

Observez à cet égard, dans le clergé, profonde ignorance, dans ses chefs instruits, conspiration du silence.

Un ancien évêque, M. B... confiait ainsi à un de nos amis, très-dévot, ses craintes pour l'avenir du catholicisme : « Un des plus grands dangers qu'il ait à courir lui vient du Brahmanisme, du Bouddhisme, de leurs traditions, de leurs livres. »

CHAPITRE II

Inventions de la divinité. — Culte. — Duperie théologique.

Toutes les recherches méthodiques aboutissent à un centre commun : l'Inde, d'où sortent ces grands systèmes religieux. Elles ont mis entre nos mains le Véda, le plus ancien monument écrit, lequel renferme les pensées des premières civilisations, avant que les cultes de même nature eussent pris naissance ailleurs. Les mille hymnes dont il se compose « énoncent explicitement la doctrine fondamentale qui se perpétue à travers les siècles, et ils affirment en termes non ambigus que le culte, les symboles, les rites et, enfin, les dieux sont l'œuvre des hommes ; ils racontent la manière dont chacune de ces choses a été conçue, le but pour lequel elle a été créée, la pensée qu'elle représente, le phénomène physique ou moral auquel elle correspond, (Em. Burnouf. *Science des Relig.*, p. 196).

A cette époque, il n'existe pas encore de caste sacerdotale; point d'autre pontife que le père de famille, seul, ou aidé de quelques-uns; il fait le sacrifice, récite une prière, ou chante un hymne pour la circonstance (Lamennais, *sur l'Indifférence*).

Voilà donc la réponse au défi porté par le théisme à la philosophie, de dire en quel temps l'on inventa Dieu.

La naissance de la religion, ditEm. Burnouf, n'est plus un mystère, c'est un phénomène de psychologie qui ne suppose en lui-même aucun miracle, c'est-à-dire aucune intervention extraordinaire d'une puissance supérieure à l'homme. Ce que certaines religions, et, parmi elles la doctrine de Zoroastre, et même celle des Brahmanes, appellent révélation, ne peut être entendu que dans le sens qui paraît avoir été adopté par l'auteur du quatrième évangile: « C'est la lumière qui éclaire tout homme. » Cette révélation s'opère dans la pensée individuelle de chacun de nous : voilà ce que professent, à plus de vingt reprises, les auteurs du Véda. Non-seulement ils se déclarent eux-mêmes « auteurs des Dieux, » auteurs des sacrifices, créateurs des symboles et des formules sacrées, mais les plus anciens hymnes ne contiennent que peu de chose de la théorie fondamentale et permettent d'en suivre, pour ainsi dire, d'année en année, l'éclosion. Or, cette éclosion est celle de la religion même, puisque c'est cette théorie, plus ou moins modifiée pour les milieux, qui constitue le fond de toutes les religions postérieures. (*Science*, p. 403.)

Nulle idée ne peut nous venir que par les sens et l'expérience ; celui qui naît privé d'un ou deux sens, a moins d'idées ; la privation des cinq sens emporte l'absence de toute idée. Pareil à l'enfant, mais plus lentement, plus péniblement que celui qui naît au milieu de nos civilisations, l'homme primitif expérimenta, fit l'apprentissage de ses organes. En luttant pour l'existence, en pourvoyant à ses nécessités, il inventa son langage monosyllabique, semblable à celui des peuplades sauvages, à celui que les Chinois conservent encore. Pouvait-il concevoir de prime-saut le surnaturalisme, divinité, dogmes, anges, démons, un ordre au-dessus et en dehors des sens et de la raison, quand il ignorait l'art compliqué de comparer les idées, d'asseoir des raisonnements et de s'élever aux abstractions ? Toutes ces choses ne supposent-elles pas une civilisation déjà assez avancée ? Franchissons donc cette nuit profonde des siècles anté-historiques où l'âge géologique de la terre et l'homme tertiaire reculent nos ancêtres primordiaux.

De quelle façon arrivèrent les hommes à la conception de la divinité ? A quoi donnèrent-ils ce nom d'abord ? Pour le comprendre, il faut se reporter à l'époque « où les noms ont été donnés aux choses, où les mythes ont été créés, et c'est des Védas seuls que peut venir cette lumière, » dit Max Müller. (*Science.* chap. premier.)

La vue réfléchie des grands phénomènes, l'ignorance de leurs causes, l'étonnement, la terreur, et autres sentiments qu'ils excitent, inspirent la première conception de puissances supérieures, anthropomorphiques, — semblables à nous. — Ajoutons songes, visions pendant le sommeil : ainsi germe dans le cerveau du sauvage, de l'enfant, la *croyance* à une survivance, à la divinité; telle fut l'origine de ce premier dogme.

« L'idée de la Divinité n'est pas un fait de révélation, dit Jacolliot, mais bien une production naturelle de l'entendement, une notion propre à l'esprit humain dont elle a suivi les progrès et subi les révolutions; ici étudiée par le philosophe, là exploitée par le prêtre. »

CHAPITRE III

Polythéisme.

Cette idée divine, qui ne fut la même, ni chez tous les peuples, ni à toutes les époques, « ne parait être, dans sa conception primitive, que celle des forces physiques de l'univers, considérées, tantôt comme multiples à raison de leurs agents et de leurs phénomènes, tantôt comme le produit d'un être unique renfermant en lui l'universalité des choses (ibid. *Rois, prêtres, castes,* 163). »

D'après un poëte contemporain du Rig-Véda, plusieurs milliers d'années, avant notre ère, la terre avait déjà produit mille et mille générations... l'homme avait vieilli, et celui-ci adorait *Dyaus,* ou *ciel élevé, immense.* Avec d'autres poëtes, on voit naître et se développer le culte du *soleil*. Chez tous les peuples enfants, cet astre tient le premier rang, joue le principal rôle dans la hiérarchie des *forces naturelles ;* ils lui donnent la lune pour compagne, les planètes pour ministres; les étoiles, en qualité de demi-dieux, de héros, de géants, veillent incessamment sur le monde ; et chacun de ces êtres reçoit un *nom*, un *sexe*, des attributs *humains*, tirés des influences, des rapports qu'on leur prête.

CHAPITRE IV

Du Dieu suprême.

Dans le Panthéon védique, qui ne *personnifie* encore que les grands phénomènes : tonnerre, éclairs, foudre, vents, nuages, feu, fleuves, sont *personnages divins;* mais sous la dépendance du *soleil,* « qui donne à tous les êtres vie, mouvement, beauté ; ce qui les caractérise, les différencie ; son absence... remplace par un chaos temporaire l'harmonie des mondes, qui n'est autre chose, pour l'homme primitif, que la lumière... il prodigue sa chaleur à la nature entière... crée la joie, le bonheur ; la nuit est triste ; le ciel voilé par la tempête est terrible; les ténèbres sont la mort; la clarté seule est la vie (*Eug. Burnouf*). »

D'autres hymnes l'appellent le resplendissant, le créateur, le nourricier, ami de tous, le fortuné, le puissant, le voyageur céleste qui, à l'horizon, apparaît d'abord comme un *nain avec une tête énorme,* croît avec rapidité et s'empare du ciel. Les poëtes célèbrent l'aurore, cette brillante déesse, comme sa fille ou sa mère, ou son épouse, les considèrent dans ses douze stations zodiacales dont ils font douze grands dieux; d'autres fois, ils les supplient de dissiper les épais nuages par les éclats de sa foudre et de féconder la terre par des pluies abondantes.

Reportons-nous à l'aurore de la civilisation; chaque matin, au milieu des populations, un autel s'élève en face de l'Orient, le feu s'y allume, pétille, la flamme s'élève brûlant les offrandes embaumées pour invoquer le retour du soleil, la multitude épie son apparition, et le poëte lui chante son hymne: « Dieu, Soleil, vous êtes celui qui existe par sa propre force. Vous êtes Brahma à votre lever, Vichnou à midi, et Siva à votre coucher. Roi du jour, vous brillez dans l'air comme une pierre précieuse; vous nous apparaissez sous l'aspect trinitaire; vous voyez tout ce qui se passe sur la terre; œil du monde; mesure du temps;

régulateur du jour et de la nuit, des semaines, des mois, des années... des saisons, des ablutions, de la prière ; Seigneur des neuf planètes, vous effacez les fautes de ceux qui vous implorent et vous offrent des sacrifices : vous dissipez les ténèbres partout où vous paraissez... Répandez sur nous les effets de votre bonté en pardonnant mes péchés, et accordez-moi félicité suprême après la mort. (Jacollint, *Christna*, p. 40.)

CHAPITRE V

Origine de la Trinité mystérieuse

Après que le sacerdoce brahmanique eut établi sa domination, il déroba au vulgaire la connaissance de cette prière et n'en permit la récitation qu'à ceux qu'il initiait à ses mystères. On y voit l'origine de la Trinité qui consistait primitivement à considérer et adorer le Soleil à ses trois points cardinaux. Les hymnes védiques s'adressent, tantôt à l'un, tantôt à l'autre de ces trois aspects et les *personnifient* à l'image de la famille humaine ; ils célèbrent « le Producteur ou Père céleste ; » d'autres fois : Agni, feu céleste et terrestre, qui a une *double* génération ; fils du Soleil dans le ciel, fils du *charpentier* sur la terre, c'est-à-dire engendré par deux morceaux de bois en *croix*, dont le frottement, sous la main du prêtre, produisait mystérieusement le feu nouveau pour le sacrifice ; mais il fallait, de plus, l'opération de l'Esprit qui signifie souffle, vent, afin d'exciter la flamme. « Telle est la première forme sous laquelle apparaît dans l'histoire le dogme de Trinité : le Soleil, le Feu, le Vent, dit Em. Burnouf (*Sc*. p. 235.)

Cette trinité passa par des phases diverses. L'esprit humain, essayant de s'expliquer l'univers, se livrait déjà aux plus hautes spéculations. A mesure que s'étendaient ses connaissances, il s'élevait aux vues d'ensemble et ramenait tous les phénomènes à un petit nombre de catégories ; il en vint à les considérer dans trois états, sous trois formes générales qui semblaient les renfermer tous : savoir, les idées de création, de conservation, de transformation. L'imagination des poëtes prêta, suivant ses habitudes, à chacun de ces aspects, nos facultés, intelligence, volonté, sentiments humains : aussi, comme Em. Burnouf le fait remarquer, la présence dans le Véda de ce dogme idéal ne doit pas surprendre (234) ; la conception des forces fut *personnifiée* comme *père*, *mère*, et *fils* ; puis on inventa une *triple trinité* ; il y eut aussi une trinité *féminine*. Le nombre TROIS devint sacré, inspira la plus profonde vénération, et, même, la terreur. Dans leur trinité primordiale, les Brahmes mettaient au deuxième rang le *mère*, cette grande vierge immortelle qui renfermait tous les êtres ; dans les trinités subséquentes, ils lui attribuent le TROISIÈME avec le *sexe masculin*. Des hymnes védiques célèbrent Agni-Vayo Sourya, ou Indra-Mithra-Varouna qui sont des attributs.

Le symbole de la trinité se retrouve partout à chaque instant; par exemple, dans le mystérieux monosyllabe AUM, prononcé avec vénération et fréquemment par les Brahmes ; dans les statues à trois têtes, objets du culte le plus respectueux ; dans les triangles renfermant un soleil dont il signifie les trois points cardinaux avec des lettres dont le sens mystérieux se transmet à l'oreille « de Bramatma à Bramatma, » pape des Brahmes.

Jacolliot nous montre la trinité voyageant dans toutes les contrées du globe avec les émigrations et autres traditions indiennes ; M. de Rouget l'a découverte sur les monuments égyptiens; nous l'apercevons dans Platon, voilée pour le vulgaire; dans Philon, de l'école d'Alexandrie, laquelle avait possédé copies d'innombrables ouvrages des bibliothèques indoues; nous la lisons, fidèlement conservée, dans la Kabbale, ou philosophie hébraïque, cent ans avant-notre ère; la bible, d'ailleurs n'avait-elle pas ses Elohin, ses dieux? Ainsi, les dogmes, partout répandus, arrivaient de tous côtés dans la Judée qui les gardait avec ténacité, des Récabites et la captivité de Babylone, aux communautés des Thérapeutes, en Egypte — on y comptait trente mille individus, hommes, ou femmes, — jusqu'aux couvents d'Esséniens, espèces de religieux bouddhistes, judaïsants, répandus par milliers dans la Palestine et très-nombreux dans les environs de Jérusalem. Le fondateur de la société chrétienne respirait, pour ainsi parler, dans l'air de son pays les traditions de la Trinité; alors, à quoi bon la lui faire apporter du ciel?

Ce dogme brahmanique, sans réalité, pure expression poétique, représentait l'idée universelle de l'être *abstraitement considéré* en tant qu'exécutant trois personnages distincts, ne paraît qu'enfanter, multiplier les disputes parmi les esprits logiques qui entreprendraient de le définir *à la rigueur* : ce qui arriva, en effet, à la théologie chrétienne. Son symbole, dit apostolique, se forma par voie d'addition et de développement, et le premier article : « Je crois au Père, au Fils et à l'Esprit, » était une formule zoroastrienne. (Michel-Nicolas Bunsens, *Revue Germanique*); elle se fourvoya en prenant pour réel *l'être abstrait ;* en admettant dans cette *unité idéale* une distinction *autre que purement nominale* de trois principes d'action, en lui attribuant trois énergies, ou trois personnalités réelles et distinctes.

Que ces hypothèses anthropomorphiques, imaginations creuses, aient excité parmi les chrétiens des disputes terribles, sanglantes, séculaires, l'histoire le constate avec horreur et la civilisation eut à subir un long temps d'arrêt. Les noms de sabelliarisme, d'arianisme, de semi-arianisme, rappellent une époque de déshonneur pour l'Eglise. Chrétiens gnostiques — plus éclairés et parfaits évêques abrahamiens, ou mieux, brahmaniens, — tels que Paul de Samosate, évêques sabelliens, ariens d'Orient et d'Occident, soutiennent l'interprétation vraie de la trinité indoue et, pour eux, les personnes étaient seulement des aspects, des rôles, des attributs de la divinité, tels que nos facultés (Bergier, *Dict.*).

Mais la trinité devenue latine, reconnue par les évêques de Rome, dans un esprit et un intérêt particuliers, a perdu le sens vague, indéfini, figuré dans des traditions antiques, pour une signification précise, en apparence, mais abstraite, absurde, contradictoire, que les théologiens catholiques prétendent plus savante et plus logique.

Si, dans la plante, on distingue aisément le feuillage, les fruits de la tige dont ils sont le développement ; si dans l'homme on distingue, jusqu'à certain point, l'intelligence, la volonté, de l'organisme dont elles sont le résultat, l'évolution, le complément ; tout au contraire, de la conception de l'être idéal il ne peut sortir que des distinctions abstraites, qui ne font jamais illusion aux esprits sérieux. Aussi, saint Augustin, après avoir longuement disserté sur la trinité, termine par cet aveu : « Nous disons une essence et trois personnes, comme plusieurs auteurs latins... mais quand on demande quels sont ces trois, le langage humain reste bien stérile. On a dit, cependant, trois personnes, non pour dire quelque chose, mais pour ne pas demeurer muet (Bergier, *Dict.*). »

Dans les églises, on figure la trinité par le Delta, seulement le soleil y fait défaut ; mais on voit des têtes d'anges soit isolées, soit groupées, qui, dans les pagodes, symbolisent le soleil levant. L'ostensoir, où l'on place l'hostie pour être adorée, se nomme soleil et le représente par ses rayons. Dans ses litanies, Jésus est invoqué comme Soleil de justice, de même que Vichnou dans le Véda. Ainsi l'on essaierait en vain de dissimuler l'origine du catholicisme, elle se trahit partout.

Quant à la troisième personne, que pourrait bien en faire la théologie? La nommera-t-elle « immortelle vierge mère qui contient tous les êtres, » hermaphrodite, Salmacis ou Siva-Priape, ou Saint-Esprit qui se transforme, soit en colombe, soit en langues de feu? Dans l'incarnation du fils, quel rôle lui attribuer? celui d'un second père ? De crainte de nous occuper trop longtemps de ce fatras théologique, nous omettons beaucoup d'autres choses sur ce vieux mythe incompris des croyants.

CHAPITRE VI

Du panthéisme.

La pensée antique qui avait nommé Dyaus, Zeus, le ciel immense, et qui voyait la manifestation sans limites connues de forces invisibles, insaisissables, imagina de les renfermer dans la synthèse du grand Tout, et déifia cette unité absolue. Ce Panthéisme, à la fois matérialiste et spiritualiste, auquel n'ont point échappé Spinosa, Ollier, supérieur de Saint-Sulpice, Fénelon, Hegel, Lamennais, n'arrêta pas d'autres esprits spéculatifs qui, sous la pression d'une logique rigoureuse, se perdirent dans uu scepticisme absolu, qu'ils appelaient Maya, trompeuse ou pure illusion: limite définitive équivalant au Nirvana bouddhique (à l'anéantissement). Tout monothéisme méthaphysique, n'étant qu'un assemblage d'abstractions inconciliables, contradictoires, s'éteint et périt dansce pur idéalisme. Kapila, Vyasa, dans l'Inde ;Pyrrhon, en Grèce ; Barkley et autres rares modernes et quelques-uns parmi nos contemporains, ont poussé jusqu'à ce terme extrême.

« Mais de ce que l'Inde des premiers âges historiques possédait déjà la notion d'une *cause première unique*, il ne s'ensuit pas qu'elle était arrivée de prime-saut à cette conception unitaire ; encore moins pouvait-on en induire une règle générale qui ferait du monothéisme la croyance initiale de l'homme prmitif (Jacolliot, *Christna*, p. 47. »). Preuve que la conception d'unité divine fut le produit synthétique de quelques esprits distingués, dans une civilisation déjà avancée; c'est qu'on en faisait comme de la trinité, un mystère rigoureux au vulgaire : Souviens-toi, dit le Bramatma à l'initié, qu'il n'y a qu'un Dieu ; mais souviens-toi aussi que ce secret ne doit pas être révélé au simple vulgaire (*ibid.* 39). »

Aussi le peuple, sensible aux phénomènes, seulement, restait franchement polythéiste et pensait à multiplier ses Dieux plutôt qu'à les restreindre. Les Juifs monothéistes partagèrent longtemps ce goût, prodiguèrent leur amour à

Mithra, Dagon, Astarté! Leur temple posséda le char et les chevaux du soleil avec d'autres symboles, comme les pagodes indiennes.

Le peuple le plus ancien, chez lequel on puisse étudier cette mythique origine, et les développements de ce naturalisme logique par lesquels a passé la notion de l'Etre suprême, pour arriver à une conception philosophique, est, sans contredit, le peuple indien. La plus vieille mythologie du monde est celle des Védas, dont la découverte a été, aux mythologies persane, égyptienne, grecque, latine, finnoise, druidique, germanique, ce que la découverte du sanscrit a été à la grammaire des langues indo-européennes.

CHAPITRE VII

Interprétation vraie de ces vieux dogmes

Examinez donc les idées primordiales, analysez les associations, les combinaisons de ces idées ; pesez les circonstances : aussitôt vous reconnaîtrez que ces récits d'un genre fabuleux ont un sens figuré autre que celui qui apparaît *tout d'abord* ; que ces prétendus faits merveilleux sont des faits simples et physiques, mais dénaturés par des causes accidentelles, par la confusion des signes, par l'équivoque des mots, par le vice du langage et l'imperfection de l'écriture. « On trouve que tous ces dieux qui jouent des rôles si singuliers dans tous les systèmes ne sont que les puissances physiques de la nature, les éléments, vents, astres, météores, personnifiés par le mécanisme nécessaire du langage et de l'imagination ; que leur vie, leurs mœurs, leurs exploits, toute leur prétendue histoire, en un mot, ne sont que la description des phénomènes imparfaitement observés par les premiers hommes et souvent pris à contre-sens. On arrive enfin à reconnaître que *tous les prétendus dogmes révélés* sur l'origine du monde, la nature de Dien et ses manifestations visibles, ne sont qu'un tissu de fables emblématiques sans consistance, et qui font honte à la saine raison (Jacolliot, *Rois, Prêtres*, 163.)

« Il a été prouvé, dit Max Müller, que le langage de l'antiquité n'est point animé du même esprit, si je puis dire, que les langues modernes; que les langues de l'Orient diffèrent essentiellement, quant à leur caractère intime, des langues occidentales; et qu'à moins de tenir compte de ces différences si profondes, nous nous tromperons fatalement dans l'interprétation des poëtes primitifs, des premiers maîtres de la race humaine. Les mêmes mots n'ont pas le même sens en anglo-saxon et en anglais, en latin et en français; à plus forte raison il ne faut pas nous attendre à trouver dans le vocabulaire d'une langue moderne l'équivalent exact d'un ancien vocabulaire scientifique, tel que celui de l'ancien testament. »

« Les termes et les pensées des anciens — deux choses inséparables — ne sont pas arrivés encore à ce degré d'abstraction où les forces de la création, par exemple — qu'elles soient naturelles, ou surnaturelles — peuvent être exprimées autrement que par une forme personnelle et plus ou moins humaine. Là où nous parlons de tentation, — par exemple de celle d'Eve, de Jésus-Christ, d'Antoine, ou autres anachorètes — du dedans ou du dehors, il était plus naturel, pour les anciens, de parler d'un tentateur qui se présentait à l'esprit sous les traits d'un homme, ou d'un animal... c'est notre faute, et non la leur, si nous nous abusons sciemment sur la langue de leurs prophètes ; si nous persistons à prendre les termes dont ils se servent, dans leur sens extérieur, si je puis dire, et matériel... à moins de tenir compte et de faire la part de cette évolution qui s'est opérée dans l'esprit de l'homme, nous commettrons erreurs sur erreurs, faux sens sur faux sens, en parcourant le ciel des anciens... La moitié des difficultés qu'on rencontre dans l'histoire de la pensée religieuse a sa source dans ce perpétuel contre-sens qui consiste à traduire en langage moderne le langage des anciens, à travestir la pensée antique en pensée moderne (*Science*, chap. 1er, p. 33). »

« L'homme chante la nature, et les joies qu'elle lui donne, et les terreurs qu'elle lui cause, dit Jacolliot, jusqu'au jour néfaste qui verra naître l'esclavage religieux et social par la coalition de tout ce qu'il y a de mauvais dans l'humanité (*R.*, *P.* 216.) »

A la période naturaliste succéda l'ère sacerdotale et royale. Ces mythes de la divine trinité, de l'unité, « tout le bagage enfin de la révélation, ne seront que des œuvres de mensonge destinées à garantir, à éterniser un ordre social basé sur les castes des prêtres, des rois et du peuple (*Ibid.* 388). »

La jonglerie religieuse était née, « et pendant sept, huit, dix, quinze mille ans, et plus, l'humanité va marcher avec ces niaiseries... et, là, tous les pasteurs d'hommes copieront à l'envi cette Genèse, en la modifiant suivant les temps et les lieux, depuis le rédacteur du livre de la sagesse, les prêtres de Chaldée et d'Egypte, jusqu'aux lévites de Moïse et aux prêtres chrétiens. En vain la raison et la science démontreront l'absurdité de toutes ces fables et l'impossibilité des créations brahmaniques et bouddhiques; on avait trouvé un instrument trop merveilleux d'abrutissement et de despotisme pour qu'on pût l'abandonner. L'instrument survivra, en changeant de mains, aux nations, aux empires, à tous les bouleversements sociaux, parce qu'il favorise, en les *couvrant* des grands noms d'ordre social et de *moralité religieuse*, tout ce qu'il y a d'hypocrisie, d'égoïsme et de lâcheté; ces trois vertus essentielles des classes dirigeantes. Partout où il y a le prêtre et le roi, naissent les castes et la servitude (*ibid.* 387). »

CHAPITRE VIII

Incarnation.

L'incarnation, incomprise par les catholiques, est tout simplement une conséquence naturelle du panthéisme indou, d'après lequel Brahma s'incarne perpétuellement et partout. Qu'un homme, par la supériorité de son intelligence, par la droiture d'une volonté énergique, exerçât une grande influence sur ses contemporains, ils l'appelaient une incarnation de Vichnou, fils de Brahma : ainsi, les poèmes sanscrits le représentent incarné dans les deux Rama, dans les fils de Pandou, dans Iezeus Christna. »

Grand nombre d'hymnes du Véda s'adressent au soleil, identique avec Agni (le Feu) ; ils célèbrent ses innombrables services et les rites pour allumer, dans les sacrifices; ce feu d'origine et de nature divines, nous offre une théorie à la fois physique et métaphysique d'un Christ-Messie; théorie venue également du Zend-Avesta persan, aux psaumes et aux prophètes juifs, copiée, transmise, emportée, avec les livres, avec les lois, dans les émigrations, dans les captivités; conservée comme héritage de famille, elle devint pour chrétiens et catholiques un mysticisme à outrance. Remarquons que la deuxième personne de la Trinité, le fils, y joue constamment le rôle le plus important.

L'antique législateur de l'Inde, Manou, avait prophétisé en ces termes : « De la bouche d'un envoyé de Brahma, qui naîtra dans ce pays, les hommes sur la terre, apprendront leur devoir (L. 2). » Ce législateur prévoyait que son code tomberait en désuétude, mais que quelque forte tête, semblable à la sienne, y ramènerait les contemporains, en le réformant: en cela, rien de merveilleux; pourtant la multitude et les poëtes en voulaient : aussi, lisons-nous dans un poëme sanscrit sur l'incarnation, sur la Vierge-mère :« Elle était de la race des rois... Vischnou sachant proche le temps où il devait s'incarner dans le sein d'une vierge, pour ramener sur la terre le culte des vertus célestes, la regardait grandir avec amour, car il l'avait choisie pour accomplir sa mystérieuse transmigration. » La jeune fille dormant d'un profond sommeil, eut à minuit un songe miraculeux : « Après avoir prononcé trois fois : Adoration à Vischnou ! elle sentit tressaillir ses entrailles, et son sein bondir, comme la jeune vierge qui reçoit le premier baiser de son époux, et elle fut entourée d'une nuée lumineuse. De son sein virginal s'échappa une goutte de sang ; de la terre où il tomba surgit une branche de vigne dont les rameaux couvrirent en un instant le monde entier, et tous les peuples, assis sous ses ombrages, se nourrissaient de ses fruits délicieux ; tous les maux avaient disparu, et une voix surnaturelle criait aux quatre points cardinaux : Paix aux hommes qui ont goûté la nourriture céleste ! leurs fautes sont pardonnées, leurs souillures purifiées ; ils jouiront de la beauté éternelle. » A son réveil, Dévanaguy fait sa prière au Soleil, symbole de la divinité suprême ; et « apercevant sur sa natte les premiers signes de la fécondité, elle fut troublée étrangement, parce que ceci s'accordait avec son rêve de la nuit. Elle était à sa fenêtre réfléchissant si elle ne devait pas aller à la pagode accomplir la purification de nubilité, lorsque passe un Samnyasis qui lui dit : Salut, ô Vierge! cette nuit, tu as conçu de Vichnou, et c'est lui que tu portes dans ton sein. Par toi va s'accomplir cette parole du Manou divin : « Par la parole d'un Brahme, né en Madora, tous les hommes seront sauvés. »

Le roi, oncle de Dévanaguy, qui la retenait enfermée pour l'empêcher de se marier et de devenir mère, était troublé à la vue d'une étoile filante ; un Brahme lui répond : « La terre s'est plainte à son *père éternel*, et sa prière est montée au Swarga sous la forme du sacrifice... La prière de la terre a été entendue, et cette étoile que tu as vu tomber du ciel, c'est l'esprit de Vichnou qui s'est incarné dans le sein de Dévanaguy; et d'elle naîtra celui qui punira tes crimes et régénérera l'humanité. » Vainement le Roi tente de faire périr le Brahme et la Vierge-mère ; des miracles les sauvent! « Celle-ci ayant conçu et porté dans son sein Vichnou, selon la volonté divine, Christna naquit pour accomplir sa mission, ramener le culte de la vertu. Un ordre du prince prescrivait de tuer le nouveau-né: mais le vent de Vichnou qui avait sauvé le Brahme, renversa les gardes, la porte de la prison, transporta Dévanaguy sur une montagne, appelée depuis montagne de la Vierge. Aveuglé par la colère, le Roi commande le massacre de tous les enfants nés dans la même nuit que Christna, espérant ainsi l'atteindre, mais celui-ci étàit en sûreté avec sa mère dans la maison d'un berger (Jacolliot, *Christna*, 2e page, chap. 5) »

Ainsi, même avant Bouddha, lequel précéda l'ère chrétienne de beaucoup de siècles, les Indiens possédaient déjà leur Iezeus Christna, fils unique de Brahma, miraculeusement conçu par l'opération de Siva-Nara, grande matrice, Vierge-mère, au milieu de jouissances ineffables, de voluptueuses extases. — Ceux que la curiosité porterait à lire les Jésuites Suarez et Sanchez, décrivant les ravissements de la Vierge Marie au moment où elle conçut J.-C., verront qu'ils ont exactement copié les documents des pagodes indiennes. François-Xavier, ses confrères et les missionnaires dominicains, déconcertés par les objections des Brahmes, des Bonzes, transmirent à leurs sociétés ces monuments qui, conservés soigneusement secrets, arrivent, par d'autres voies, à la connaissance publique en Europe, *seulement* de nos jours.

A la naissance de l'enfant divin des bergers entendent dans les airs une musique céleste ; toute son enfance resplendit de merveilles. Descendu sur la terre pour sauver les hommes d'un péché originel et de l'ignorance, il les rappelle aux prescriptions de Manou, leur enseigne la morale par mille sortes de figures, frappe les imaginations par de grandes métaphores, familières et aimées en Orient; les instruit par des paraboles qui servirent de modèles aux Evangiles. Il donne l'exemple des vertus qu'il prêche, — cependant certains légendaires lui prêtent en même temps des défauts et des vices. — Il dévoue à sa nation une existence centenaire, fait de la nature tout ce qu'on lui demande, nourrit miraculeusement des populations mourant de faim; trente mille de ses compatriotes, tués par une armée ennemie, ressuscitent à sa voix; il passe *en faisant le bien ;* enfin il quitte la vie sous les coups de la trahison, du vice et du crime.

L'incarnation de ce fils de Brahma qui n'était point la première, doit être suivie d'une nouvelle, que lui-même prophétise, et qui serait la dernière : de là ces idées messianiques, *nullement particulières* aux Juifs, et cette perpétuelle communication entre le ciel et la terre, et ces vierges-mères et ces Dieux descendant, ou remontant sans cesse, comme la Vierge Marie fait de nos jours (Homère, Virgile).

La nation juive, dont les ancêtres sortirent du milieu des peuplades *mêlées* qui habitaient sur les rives de l'Euphrate autour de Babylone, émigrés de la Perse et de l'Inde, fut ainsi qu'elles, fétichiste, idolâtre, polythéiste et, de plus monothéiste. Elle eut ses Theraphims, ses Elohims, son veau d'or, son coffre mystérieux, aussi bien qu'un Jéhovah triangulaire. Elle plaça dans son temple : char et chevaux du soleil, chérubins, têtes de taureau, Mithra, Astarté et y entretint le culte de Vénus sous toutes les formes; tout cela à l'imitation des pagodes indiennes. Elle eut sur les collines ses bois sacrés, ses autels, ses *sacrifices humains, brûla des enfants au Dieu Moloch*; ses psaumes, imités des hymnes védiques, adorent « le Soleil dans l'orient, le supplient de s'élever sur son trône et, y siégeant à la droite du Père, de dissiper les ténèbres, d'exterminer les ennemis, d'établir le règne éternel de la justice et de la paix. Ailleurs, « Jéhovah déploie sa tente dans le soleil, d'où il découvre les hommes vertueux et les couvre de sa protection. » Puis le prophète Isaïe voit déjà ce « règne futur se réalisant » et empruntant les *propres expressions* des hymnes védiques qui chantent *Agni*, identique avec *le soleil, avec le feu sacré* jaillissant sous la main du prêtre par cent étincelles pour le sacrifice; il s'écrie dans le ravissement: « L'enfant nous est né, ce fils de la force se nourrit de beurre et de lait; enfant royal, pontife sacrificateur, Messie divin, bienfaiteur des hommes, qui leur apporte tous les biens, détruit le mal, et donne la vie nouvelle.

Les autres prophètes, ou voyants, témoins de l'immoralité générale l'appellent de leurs plus ardents désirs. De plus, ce petit peuple juif, séparé de dix autres tribus, travaillé sans cesse par des divisions intestines, haïssant ses voisins et exécré par eux, souvent battu, traîné en captivité, âpre au gain, cosmopolite, établissant des colonies dans tous les grands centres de commerce, — en Egypte, dans les îles de la Grèce, dans l'Asie-Mineure, surtout à Rome, — soupirait après l'avènement de quelque grand compatriote qui le rendrait, à son tour, dominateur des autres nations. Il crut voir ce Messie dans Cyrus, puis dans quelques guerriers qui tentèrent de secouer le joug des Romains. On voulut aussi le voir dans Jean-Baptiste, puis dans Jésus de Nazareth, et des milliers de personnes s'assemblaient autour d'eux ; comme ils couraient après Barcochébas et Simon de Samarie, dans les campagnes, sur les collines, emportant des provisions pour plusieurs jours !

A cette époque, les vastes associations de religieux thérapeutes et esséniens, issues du brahmanisme et du bouddhisme, en gardaient soigneusement idées, coutumes et pratiques minutieuses. Les couvents d'Esséniens, nombreux et dispersés dans la Galilée, dans la Judée, aux environs de Jérusalem, se recrutaient, surtout, parmi les Juifs dévots contemplatifs, ennemis du mariage, affectant la vertu et le rigorisme des mœurs. J.-C. ne pouvait manquer de connaître ce monachisme, que ses habitudes singulières, ses pratiques médicales, distinguaient si fort du commun et devaient frapper les esprits, piquer la curiosité dans un pays si peu étendu : essayez, un instant, la supposition contraire, et vous vous sentirez toucher au prodigieux, à l'absurde. Bien plus, un livre intitulé : *La mort de Jésus*, le dit, d'après d'anciens auteurs, fils d'un Essénien, fils d'un de ces moines, qui portaient des vêtements blancs, et que le vulgaire qualifiait quelquefois du nom *d'anges*.

De fait, son instruction, sa doctrine, sa morale, sa vie entière le démontrent imbu profondément d'Essénisme ; on le dirait élevé à cette école, et en possédant les connaissances variées : beaucoup d'auteurs soutiennent cette opinion.

Que son père, certain ange Gabriel, si vous le voulez, — enthousiasmé de l'antique Iézeus Christna, ait persuadé à la mère de donner à l'enfant le nom de Jésus, d'ailleurs très-commun dans le pays ; que leur fils, transporté de la même admiration pour son homonyme divin, l'ait pris pour modèle, imitant ses paraboles, son langage à grandes figures orientales; que ses disciples aient ajouté à son nom celui de Christna, ou Christ — oint sacré — qu'il ait été puissamment soutenu dans sa prédication par les Esséniens; qu'après le crucifiement et le dépôt dans une grotte sépulcrale, il ait été sauvé par « ces anges vêtus de blanc, » rien d'impossible, rien que de vraisemblable en tout cela.

Des autres l'ont fait fils d'un certain Panther; ses compatriotes le réputaient fils d'un ouvrier en bois, nommé Joseph. Les légendes évangéliques parlent fréquemment « de ses frères, de ses sœurs, » comme de sa mère et de son père

Paul appelle Jacques le Majeur « frère du Seigneur. » Evidemment, rien n'oblige à refuser à ces mots leur sens simple, naturel, rien ne permet de les détourner.

Toutefois, la légende évangélique, copiant le Christna, le fait J.-C. fils (comment dirai-je)? du Père Céleste et du Saint-Esprit? ou bien, pour ne lui donner qu'un père, faut-il entendre par Saint-Esprit la Nara brahmanique : « la Vierge immortelle, *grande matrice* de tous les êtres? » Un rêve rassure ce bon Joseph, très-anxieux de voir sa jeune fiancée enceinte, non de son fait. Que le tour lui vint du ciel, ou de la terre, il n'en était pas moins trompé. On raconte qu'une dame nommé Pauline, leur contemporaine, se laissa persuader, avec son naïf mari, par un prêtre bien payé que le Dieu Anubis auquel elle était très dévote, voulait se marier avec elle pendant une nuit pour la récompenser. Certain chevalier romain égaya Rome entière de sa bonne fortune. Mais comme il s'agissait d'une famille patricienne, l'empereur Tibère congédia le Dieu et rasa le temple.

Si la veuve de Joseph nourrit son fils de ces idées légendaires que lui prêtent les évangiles, si Jean-Baptiste, *son cousin*, auquel une vie mystérieuse et austère conciliait la faveur populaire, encourageait, excitait Jésus, lui envoyait ses propres disciples qui disaient partout : « Nous avons trouvé le Messie promis, » s'il s'abaissait devant lui en toute occasion, s'il « lui préparait les voies, » s'il poussait vers lui la multitude, et le proclamait : « Agneau de Dieu qui purifie les souillures du monde ! » — Agni des Védas, identique avec le Soleil, feu terrestre et céleste, — on s'étonne moins de le voir enfin se poser en fils de David, en sauveur de sa nation, en fils de Dieu : « Je suis venu allumer le feu sur la terre, dit-il ; et que veux-je, sinon qu'il brûle? » De là ces symboles de l'agneau et du feu, en usage dès le premier siècle pour figurer J-C. Quelquefois assez exalté pour paraître s'attribuer à la rigueur la dernière qualification, il se hâtait de l'atténuer, dès qu'il entendait des murmures autour de lui et de l'expliquer d'une manière moins révoltante : « Ne lisez-vous pas dans les psaumes : J'ai dit, vous êtes des dieux et tous les fils du Très-Haut ». Ses auditeurs, familiers avec les métaphores orientales, si fréquentes dans la Bible, telles que celles-ci : « Hommes de Dieu, enfants de Dieu, chasseurs devant Dieu, montagne de Dieu, etc... sentaient leur raison parfaitement rassurée. On voyait, on entendait, on touchait l'homme, ce qui contredisait, excluait absolument le Dieu. Mais les catholiques d'aujourd'hui s'avisent-ils de ce sens figuré qui ne signifie rien autre que l'idée de supériorité, d'excellence?

Les *croyances* primitives de la société chrétienne, conservées par les nombreux évangiles et écrits apocryphes, par les sectes dissidentes, par divers auteurs, par les premiers Pères et même par le Nouveau-Testament, quoique avec moins de fidélité, puisque le haut clergé l'a souvent retouché, nous montrent ce que pensaient de Jésus ses contemporains : panthéistes, monothéistes, philosophes, sceptiques, moralistes, systématisaient la foi chacun à leur manière. Semble-t-elle autre chose qu'un héritage, une copie, une imitation, avec couleur locale, avec « accommodation » au temps et aux circonstances, de ces antiques traditions de l'extrême Orient qui avait rayonné sur l'Asie occidentale, sur l'Egypte, sur la Grèce, sur l'Italie et jusque sur le Druidisme de la Scandinavie et des Gaules? Ainsi, ce dogme fameux de l'Incarnation divine, base du catholicisme et à l'aide duquel on prétendait donner à ce système une grandeur démesurée, surnaturelle, se réduit aux proportions du mythe indou, comme celui-ci à des fables grotesques, à l'absurdité.

LA SOCIÉTÉ DE JÉSUS

Au moment où le gouvernement, cédant enfin au courant de l'opinion publique, se décide, après tant d'impopulaires ménagements, à faire exécuter la loi,

Au moment où va rentrer dans le droit commun cette formidable compagnie devant laquelle frissonnaient papes et rois,

Il n'est pas inutile de « livrer » au grand jour quelques spécimens — cueillis au hasard — de la morale jésuitique.

Nous reviendrons, du reste, sur cet instructif sujet dans notre étude :

ÉGLISES ET ÉTAT. — LIBERTÉ DE LA PRESSE.

—

Quand est-on *obligé* d'avoir affection actuellement pour Dieu? Suarez dit que c'est *assez* si on l'aime « avant l'article de la mort, » sans déterminer aucun temps; Vasquez dit qu'il suffit encore à l'article de la mort; d'autres, *quand on reçoit le baptême* (!!!); d'autres quand on est obligé d'être contrit; d'autres, les *jours de fête* (!!!). Mais notre Père Castro Palaos combat toutes ces opinions-là et avec raison. Hurtado de Mendoza prétend qu'on y est obligé tous les ans. Mais notre Père Coninck croit qu'on y est obligé en trois ou quatre ans ; Henriquez tous les cinq ans; et Filiutius dit qu'il est probable qu'on n'y est pas obligé, à la rigueur, tous les cinq ans. — Et quand donc ? — Il le remet au jugement des *Sages*. (Escobar, *Pratique de l'amour de Dieu.* — tr. 1, ex. 2, n. 21. et tr. 5, ex. 4., n. 8.,

* *
*

Régulièrement on peut tuer un homme pour la valeur d'un écu (Escobar n. 44).

* *
*

Il est permis à un ecclésiastique, ou à un religieux de tuer un *calomniateur* (?) qui menace de publier des crimes *scandaleux* de sa communauté, ou de lui-même, quand il n'y a que ce seul moyen de l'en empêcher, comme s'il est prêt à répandre ses *médisances*, si, on ne le tue pas *promptement (Lamy, t. 5, disp. 36, n. 118)*.

* *
*

Dans les questions de morale, les nouveaux casuistes sont préférables aux anciens Pères, quoiqu'ils fussent plus près des Apôtres. (Cellot, *de Hier*. lib. 8, cap. 16, p. 714.,

* *
*

On n'est obligé de confesser que les circonstances qui changent l'espèce du péché et non pas celles qui l'aggravent (Escobar, *Princ. ex. 2 n. 39*).

*
* *

Le rapt n'est pas une circonstance qu'on fût tenu de découvrir quand la fille y a consenti (Fagundez, p. 2, l.4, c. 3, l. 17).

*
* *

On peut et on *doit* absoudre une femme qui a chez elle un homme avec qui elle a péché souvent, si elle ne le peut faire sortir honnêtement, ou qu'elle ait quelque cause de le retenir (Bauny).

*
* *

Qand la défloration se fait du consentement de la fille, quoique le père ait sujet de s'en plaindre (!), ce n'est pas néanmoins que ladite fille, ou celui à qui elle s'est prostituée lui aient fait aucun tort, ou aient violé la justice à son égard ; car la fille est en possession de sa virginité aussi bien que de son corps ; elle en peut faire ce que bon lui semble, à l'exclusion de la mort, du retranchement de ses membres. (Bauny, *Somme des péchés*, p. 148).

*
* *

Si l'on donne un bien temporel pour un bien spirituel (de l'argent pour un *bénéfice*) et qu'on donne l'argent comme le prix du bénéfice, c'est une simonie visible ; mais si on le donne comme le motif qui porte la volonté du collateur à le conférer, ce n'est point une simonie, encore que celui qui le confère considère et attende l'argent comme la fin principale. (Valentia, *liv.* des *24, tome III.* — Taunerus, *tome III, p. 1519*).

*
* *

Un bénéficier peut, sans aucun péché mortel, désirer la mort de celui qui a une pension sur son bénéfice, et *un fils*, *celle de son père*, et *se réjouir* quand elle arrive, pourvu que ce ne soit que pour le bien qui lui en revient et non pas par une haine personnelle. (Gaspar Hurtado, *de Sub. pecc. diff. 9.*)

*
* *

Navarrus dit fort bien qu'il est permis d'accepter et d'offrir un duel, et, aussi, qu'on peut tuer *en cachette* son ennemi. Et, même, en ces rencontres-là, on ne doit point user de la voie du duel si on peut tuer son homme en *cachette* et, par là, sortir d'affaire; car, par ce moyen, on évitera tout ensemble, et d'exposer sa vie dans un combat et de *participer au péché* que notre ennemi commettrait *par un duel.* (Sanchez, *Théologie morale, liv. II. chap. 35.*)

*
* *

Celui qui s'est fatigué à une chose, comme *à poursuivre une fille,* est-on obligé de jeûner?

Nullement. Mais, s'il s'est fatigué exprès pour être, par là, dispensé du jeûne, y sera-t-il tenu ? — Encore qu'il ait eu ce dessein ferme, il n'y sera point obligé (Filiutius, t. II, t. 2, 27, part. 2,c. 6, n. 143).

*
* *

Il suffit d'être présent de corps à la messe, quoiqu'on soit absent d'esprit, pourvu qu'on demeure dans une contenance respectueuse *extérieurement* (Gaspard Hurtado, *de Sacr.,* t. II, d. paragraphe, dist. 2. — Coninck, q. 83, a. 6, n. 197).

∴

Une méchante invention, comme de regarder des femmes avec un désir impur, jointe à celle d'ouïr la messe comme il faut, n'empêche pas qu'on y satisfasse. (Escobar tr. 1, d. 11, n. 31).

∴

On satisfait au précepte d'ouïr la messe, encore même qu'on ait l'intention de n'en rien faire, comme ceux qu'on mène à la messe *par force*. (Vasquez. — Escobar).

∴

On peut rechercher une occasion de pécher directement et pour elle-même, quand le bien spirituel, ou temporel, de nous, ou de notre prochain, nous y porte (Basile Ponce, cité par Bauny, *Traité de la pénitence*).

∴

Il est permis à *toutes sortes de personnes* d'entrer dans les lieux de débauche, pour y convertir des femmes perdues, *quoiqu'il* soit bien *vraisemblable* qu'on y *péchera :* comme si l'on a souvent éprouvé déjà qu'on s'est laissé aller au péché par la vue et les cajoleries de ces femmes. Et, encore qu'il y ait des docteurs qui n'approuvent pas cette opinion et qui croient qu'il n'est pas permis de mettre volontairement son salut en danger pour secourir son prochain, je ne laisse pas d'embrasser très-volontiers cette opinion qu'ils combattent (id).

*
* *

Les promesses n'engagent point quand on n'a pas intention de s'obliger en les faisant; or, il n'arrive guère qu'on ait cette intention, à moins qu'on les confirme par serment, ou par contrat; de sorte que quand on dit tout simplement : « Je le ferai, » on entend qu'on le fera si l'on ne change pas de volonté, car on ne veut pas par là se priver de sa liberté. (Escobar, tr. 3, ex. 3, n. 48).

*
* *

Occultæ fornicariæ debetur pretium in conscientià, et multò majore ratione quàm publicæ. Copia enim quam occulta facit mulier sui corporis multò plus valet quam ea quam publica facit meretrix; nec ulla est lex quœ eam reddat incapacem pretii. Idem dicendum de pretio promisso virgini, conjugatœ, moniali, et cuicumque alii; est enim eadem omnium ratio. (Filiutius. tr. 31. c.9. n. 231).

∴

Si la République ne peut pas autrement se conserver, il sera loisible de tuer le roi qui en aura été déclaré l'ennemi, mais, par une *autorité supérieure* (?) appartenant à la dite République. (Mariana, p. 60, 62.)

∴

Les bénéficiers sont-ils obligés de restituer leur revenu dont ils disposent mal? — Les *anciens* disaient : oui ; mais, les *nouveaux* disent : non. Ne quittons donc pas cette opinion qui décharge de l'obligation de *restituer*. (Diana, p. 5, tr. 8, rég. 81.)

∴

On n'est pas obligé, en conscience, de rendre

les biens qu'un autre nous aurait donnés pour en frustrer ses créanciers. La charité n'exige pas qu'on se prive d'un *profit* pour sauver, par là, son prochain d'une perte pareille. (Molina. t. II. tr, 2. disp. 328. n. 8. — Lessius, liv. 2, ch. 20, dist. 19, n. 168.)

*
* *

On n'est pas obligé, ni par la loi de nature, ni par les lois positives, c'est-à-dire, par *aucune loi*, de rendre ce qu'on a reçu pour avoir commis une action criminelle, comme un *adultère*, encore même, que cette action soit contraire à la justice. (Lessius, 1. 2. 3. T. 14. d. 8.)

*
* *

Les biens qu'une femme acquiert par *l'adultère* sont véritablement gagnés par une voie *illégitime*, mais, *néanmoins*, la possession en est légitime. (Escobar, tr. 1, ex, 8, n. 89.)

*
* *

Les biens acquis par des voies *honteuses*, comme un meurtre, une sentence injuste, une action déshonnête, *etc.*, sont *légitimement* possédés et l'on n'est pas obligé de les *restituer*. (id. trad. 3, ex. 1, N, 23.)

*
* *

On peut disposer de ce qu'on reçoit pour des homicides, des *sentences* (?) injustes, des péchés infâmes, *etc.*, parce que la possession en est *juste* et qu'on acquiert le domaine et la propriété des choses que l'on y gagne (id. tr. 5, ex. n. 53).

*
* *

Une méchante action peut être estimée pour de l'argent, en considérant l'avantage qu'en reçoit celui qui la fait faire et la peine que prend celui qui l'exécute. Et c'est pourquoi, on n'est point obligé à restituer ce qu'on reçoit, pour la faire, *de quelque nature* qu'elle soit : homicide, *sentence* (??) injuste, action sale, etc. Si ce n'est qu'on eût reçu de ceux qui *n'ont pas le pouvoir* de disposer de leur bien.

Vous direz, peut-être, que celui qui reçoit de l'argent, pour un méchant coup, *pèche* et que, aussi, il ne peut ni le prendre ni le retenir?.

Mais, je réponds qu'*après* que la *chose* (!) a été *exécutée*, il n'y a plus aucun péché ni à payer, ni à en recevoir le payement. (Lessius, *de just.* liv. 2, chap. 14, d. 8, n° 52).

* * *

Quand on a reçu de l'argent pour faire une méchante action est-on obligé à le rendre? Il faut distinguer : Si l'on a pas fait l'action (*méchante*), pour laquelle on a été payé, il faut rendre l'argent ; mais, si on l'a faite, on n'y est pas obligé. (Molina ; Escobar, tr. 3, ex. 2, n. 138).

Un juge est bien obligé de rendre ce qu'il a reçu pour faire justice, si ce n'est qu'on lui ait donné par libéralité; mais il n'est jamais obligé de rendre ce qu'il a reçu d'un homme en faveur duquel il a rendu un arrêt *injuste;* il *doit* la justice, et, ainsi, il ne peut la vendre; mais, il ne *doit* pas l'injustice et, ainsi, il peut en recevoir l'argent. (Molina, dis. 91, 99: Reginaldus, liv. 10, n. 184, 185, 187; Filiutius, tr. 31, n. 220, 228; Escobar, tr. 3, ex. 1, n. 21 ; Lessius, lib. 2, c. 14, d. 8, n. 55.)

∴

Une personne qui portait une grande somme d'argent, pour la restituer par ordre de son confesseur, s'étant arrêtée en chemin chez un libraire, celui-ci lui montra un nouveau livre de théologie morale; et, le feuilletant, avec négligence, sans penser à rien, l'autre tomba sur son cas et y apprit qu'il n'était pas obligé à restituer. De sorte que, se trouvant déchargé du fardeau de son scrupule, et demeurant toujours chargé du poids de son argent, il s'en retourna bien plus léger à sa maison.

Les rencontres de cette sorte sont en Dieu l'effet de sa Providence, en l'Ange gardien l'effet de sa conduite, en ceux à qui elles arrivent, l'effet de leur prédestination. Dieu a voulu de toute éternité que la chaîne d'or de leur salut dépendît d'un *tel* auteur, et non pas de *cent autres qui disent la même chose*, parce qu'il n'arrive pas qu'ils les rencontrent.

Si *celui-là* n'avait écrit? celui-ci ne serait pas sauvé! conjurons, donc par les entrailles de J.-C., ceux qui blâment la *multitude* de nos auteurs, de ne leur pas ouvrir les livres que l'élection éternelle de Dieu et le sang de J.C.- leur a acquis: considérant, à cette occasion, combien *il est utile* qu'il y ait un *grand nombre d'auteurs* qui écrivent la *théologie* morale. (Cellot, *de la Hiérarch.*, l. 8, chap. 16 55:)

∴

On peut jurer qu'on n'a pas fait une chose quoiqu'on l'ai faite effectivement, en « entendant » en soi-même qu'on ne l'a pas faite à un *certain jour*, « OU AVANT QU'ON FUT NÉ, » ou en sous-entendant quelque autre circonstance pareille, sans que les paroles dont on se sert aient aucun sens qui le puisse faire connaître. Et, cela est fort commode (!) en beaucoup de rencontres, c'est toujours *très juste quand* cela est nécessaire, ou utile pour la santé, l'honneur (!!), ou le bien. (Sanchez, *op. ch.* 2)

∴

On peut encore, après avoir dit *tout haut*: « Je jure que je n'ai pas fait cela, » — ajouter, *tout bas*: « aujourd'hui » Ou après avoir dit tout haut: « Je jure: dire, » tout bas: « que je dis » et continuer ensuite tout haut: « que je n'ai point fait cela ». (Filiutius, t. 2. 25, c. 11, n. 328).

Quant à ceux qui n'auraient pas assez de *présence d'esprit* pour user de ces restrictions, il leur suffit, afin de *ne pas mentir* (!!!) de dire simplement *qu'ils n'ont pas fait* ce qu'ils ont fait — pourvu qu'ils aient en général, l'intention de donner à leur défense le sens qu'un habile homme y donnerait. — (Sanchez, — Filiutius.)

∴

Il est permis de dérober, non seulement, dans une extrême nécessité, mais encore dans une nécessité grave, quoique non pas extrême. (Lessius, t. 2, c. 12, n. 12 — Escobar. t. 1, ex. 9, n. 29.)

∴

Une femme peut jouer, et prendre pour cela de l'argent à son mari. (Escobar, chap. *du larcin*, t. 1, ex. 91, 11. 13.)

∴

Un prêtre peut-il dire la messe le même

jour qu'il a commis un péché mortel et *des plus criminels* en se confessant auparavant? — Non, dit Villalobos, à cause de son impureté. Mais, Sancius dit que *oui* et *sans aucun péché.*

Je tiens son opinion *pour sûre* et qu'elle doit être suivie dans la pratique. (Bauny, tr. 10, q., 2, p. 457.)

3

Il importe essentiellement de constater que la Société de Jésus a toujours interdit à *ses* Pères l'impression de leurs écrits *sans* l'approbation de *ses* Théologiens, *sans* l'autorisation de *ses* supérieurs. D'où il résulte, incontestablement, que le corps *tout entier* est responsable des œuvres individuelles.

Ajoutons que l'Ordre des jésuites est le seul qui impose une telle servitude à ses membres dont chacun, grand ou petit, obéit à sa loi:

« *Perinde ac cadaver.* »

Quelle puissance ! — quel danger permanent et latent ! — q'une association ne reconnaissant pas d'autre volonté que celle d'un Supérieur qui *centralise* tout en lui; se dérobant sous les voiles du secret *absolu;*

comptant dans ses rangs des hommes de toute condition ; ayant un pied partout, jouissant de privilèges inouïs qui l'élèvent au-dessus des autorités temporelles et spirituelles ; dont les adeptes se trouvent étroitement enchaînés par des vœux vis-à-vis du chef *Suprême* alors que celui-ci conserve son entière liberté !...

Rappelons, en terminant, que, dès 1584, le « Général » *Aquaviva* recommandait à *ses* Provinciaux l'observation rigoureuse des règlements en vertu desquels « on ne devait *montrer* aux novices que *l'Abrégé* de leur constitution. »

Et nunc erudimini !

KEB.

FIN.

TABLE DES MATIÈRES.

PREMIÈRE PARTIE.

DEUXIÈME PARTIE.

TROISIÈME PARTIE.

SOUS PRESSE

LE DOGME

Paris, typ. de M. Décembre, 326, rue de Vaugirard.

www.ingramcontent.com/pod-product-compliance
Ingram Content Group UK Ltd.
Pitfield, Milton Keynes, MK11 3LW, UK
UKHW020559180726
13838UKWH00001B/337

9 782329 403175